Repetição e Angústia: Origens da Perversão

Larissa Bacelete

REPETIÇÃO E ANGÚSTIA: ORIGENS DA PERVERSÃO

1ª Edição
POD

Petrópolis
KBR
2013

Revisão de texto **Noga Sklar**
Editoração **KBR**
Capa **óleo sobre tela de Georg Wachberg (Arquivo Google)**
Foto da autora **Marcos Amend**

ISBN: 978-85-8180-111-7

KBR Editora Digital Ltda.
www.kbrdigital.com.br
atendimento@kbrdigital.com.br
55|24|2222.3491

150 - Psicologia

Larissa Bacelete graduou-se em psicologia pela Universidade Federal de Minas Gerais, onde iniciou suas pesquisas no Projeto CAVAS, investigando a repetição transgeracional em casos de abuso sexual infanto-juvenil. Mestre em Estudos Psicanalíticos (UFMG), aprofundou-se na questão da perversão, relacionando os vínculos primários da criança e a eclosão de psicopatologias graves na idade adulta. É psicanalista e psicóloga clínica do Ijuci - Centro de Defesa da Cidadania, em Belo Horizonte.

Email: bacelete@hotmail.com

Sumário

Agradecimentos • 9

Apresentação • 11

Prefácio • 15

Introdução • 21

Capítulo 1 - Sexualidade perversa, compulsão e reparação egoica • 31

As neossexualidades: versões da perversão em Joyce McDougall • 31

Narcisismo e lógica perversa: de Winnicott a Roussillon • 39

As relações de objeto primárias e seus efeitos traumáticos • 40

Sadismo e masoquismo na concepção de Roussillon • 53

A objetificação do outro • 61

As suturas do fetichismo • 63

Capítulo 2 - Estilhaços da assimetria radical: a perversão herdeira da intromissão do sexual • 71

A relação primária em Laplanche • 72

Alteridade, sedução e projeção: a abordagem de Gerard Bonnet • 78

O reconhecimento das mensagens contidas na cena perversa • 86

A solução sádica: sofrimento às avessas • 92

Uma nova classificação das perversões • 98

Síntese • 107

1. Primeiras ideias • 107

2. A QUESTÃO DA INDISTINÇÃO • 107

3. CONCEITOS WINNICOTTIANOS • 108

4. A CONTRIBUIÇÃO DE BONNET • 111

CAPÍTULO 3 – O CASO "DEXTER": VIOLÊNCIA COMO NEGAÇÃO DA PASSIVIDADE • 113

POSSIBILIDADES DE INTERPRETAÇÃO E TRADUÇÃO DA AGRESSIVIDADE • 126

CONSIDERAÇÕES FINAIS: APONTAMENTOS SOBRE A CLÍNICA DA PERVERSÃO • 147

REFERÊNCIAS BIBLIOGRÁFICAS • 159

Agradecimentos

À Prof. Dra. Cassandra França, que acolheu meus questionamentos e me ajudou a direcioná-los para a pesquisa acadêmica.

Aos colegas do Projeto CAVAS/ UFMG, pela companhia nesta difícil e prazerosa experiência.

A Elisa Massa e Júlia de Sena Machado, com as quais pude compartilhar leituras e discussões instigantes durante meu percurso de mestrado.

Às amigas Cristiana Mazzini e Izabela Roman, por contribuírem diariamente para meu aprendizado teórico e meu prazer em exercer a psicanálise.

Ao amigo Marcel Belarmino, com quem li os primeiros textos freudianos e troquei impressões iniciais sobre a *talking cure*.

Aos professores Dr. Paulo Carvalho Ribeiro e Dra. Viviana Velasco Martinez, que enriqueceram meu trabalho com suas leituras na ocasião da banca de mestrado.

Meus agradecimentos especiais ao amigo Prof. Dr. Fábio Belo, que me apresentou as *Cinco lições de psicanálise*, e depois tantas mais. Pelas leituras e sugestões, pelo cuidado, acompanhado de rigor, pelo apoio e incentivo à prática psicanalítica. E, principalmente, pela confiança que depositou neste trabalho, desde que se tratava de um conjunto de indagações reunidas no projeto de pesquisa até a versão final deste livro.

Apresentação

As perversões têm sido objeto de interesse da psicanálise desde seus primórdios. A indiscutível primazia do sexual no pensamento freudiano deve-se, em grande parte, à busca de compreensão das perversões sexuais e, principalmente, ao estabelecimento de suas origens infantis e sua relação com o caráter polimorfo da sexualidade humana.

As contribuições de Freud a esse tema desenvolveram-se, inicialmente, no sentido de uma sobreposição da pulsão sexual e da sexualidade perversa, como podemos constatar nos famosos *Três Ensaios*. Se, neles, a neurose é apresentada como o negativo da perversão, e é considerada, ao mesmo tempo, o resultado de uma defesa contra o ataque pulsional, o que daí se depreende é que a perversão equivale à expressão plena da pulsão sexual ou, pelo menos, dela se aproxima.

A partir de 1915, com os artigos metapsicológicos, não se trata mais de uma equivalência entre pulsional e perverso, mas de algumas vicissitudes da pulsão ligadas a algumas formas de perversão. Vislumbra-se, a partir de então, a possibilidade de relacionar essas vicissitudes a determinadas experiências incidentes sobre o desenvolvimento da sexualidade de cada indivíduo.

Finalmente, com a introdução do conceito de recusa da castração e de clivagem do eu, o pensamento freudiano sobre a perversão atinge sua forma mais definitiva, e consolida uma perspectiva que poderíamos considerar menos biologizante e mais psicogênica, visto que a recusa e a clivagem do eu decorreriam das configurações do complexo de Édipo e de sua resolução.

Ao dar à perspectiva psicogênica toda a sua importância, este livro de Larissa Bacelete nos traz uma contribuição ao estudo da perversão que vai muito além dos conceitos de recusa e clivagem do eu, assim como da matriz edipiana clássica. Sem perder de vista as teses freudianas, ganham destaque em sua abordagem da perversão os autores que privilegiaram as relações iniciais da criança com seus objetos primordiais, entre eles: Joyce McDougall, cuja teoria sobre as origens da perversão já se tornou clássica; Donald Winnicott, cuja importância entre os teóricos das relações de objeto é por demais conhecida; René Roussillon, cujas ideias sobre as falhas narcísicas graves vêm despertando crescente interesse entre os psicanalistas brasileiros; Gerard Bonnet, psicanalista francês pouco conhecido no Brasil, que aborda o tema da perversão a partir da teoria da sedução generalizada de Jean Laplanche; e Claude Balier, outro autor francês pouco conhecido em nosso meio, cujas ideias sobre comportamentos sexuais violentos, desenvolvidas a partir do trabalho realizado em uma penitenciária francesa, impressionam pela originalidade.

A autora deste livro nos oferece, portanto, o compartilhamento de um percurso teórico onde encontramos, além de teorias e conceitos já amplamente reconhecidos, contribuições sobre as quais não seria exagero dizer que são novidades na abordagem psicanalítica das perversões. Essa característica inovadora mostra toda sua força no último capítulo, onde o seriado televisivo "Dexter", é utilizado para ilustrar e aprofundar as teorias previamente discutidas. Aqueles que já conhecem esse personagem, tão intrigante quanto cativante, encontrarão nos comentários e análises de Larissa bons motivos para se deixarem fascinar ainda mais por esse irresistível *serial killer*; aqueles que ainda não o descobriram certamente serão seduzidos a fazê-lo.

Com a análise de "Dexter", um aspecto frequentemente negligenciado ou subestimado da compreensão psicanalítica das perversões ganha o devido destaque. Referimo-nos à incrível capacidade do psiquismo de transformar as falhas e invasões traumáticas provenientes do meio e dos objetos primordiais em fonte de excitação sexual. O poder de transformar em fonte de gozo sexual a violência física e/ou psíquica sofrida é uma característica dos seres humanos que leva o masoquismo a se aproximar de uma condição antropológica fundamental, e o institui, se não como paradigma da perversão sexual, pelo menos como uma de suas manifestações mais claramente associadas à dimensão de violência inerente à assimetria que marca a relação adulto/ infante. Este livro de Larissa Bacelete contribui, portanto, para uma tendência irreversível da abordagem psicanalítica das perversões em que o foco principal se desloca, do fetichismo e do conceito de recusa a ele associado, em direção ao masoquismo e sua relação com a própria constituição psíquica.

Paulo César de Carvalho Ribeiro
Professor associado da Universidade Federal de Minas Gerais e doutor em Psychanalyse et Psychopathologie pela Université Paris VII.

PREFÁCIO

Repetição e Angústia: Origens da Perversão, desde o título, é um livro claro quanto ao que pretende defender. A perversão tem uma origem ligada à história libidinal de um sujeito e não poderá ser reduzida à monstruosidade, tal como muitos discursos e práticas desejam. Larissa Bacelete apresenta teorias fundamentais sobre o tema criticando--as quando necessário, fazendo-as dialogar, permitindo ao leitor ter acesso a abordagens pouco lidas no Brasil. Se o leitor procura algo *novo* sobre a perversão, fiel ao espírito crítico e comprometido com a revolução copernicana da Psicanálise, acaba de encontrar.

A autora vai nos mostrar como na situação originária que constitui o futuro perverso temos muita dor, violência e angústia. Articulando autores como Bonnet, Roussillon, Balier e McDougall, e a partir de referenciais teóricos mais amplos, especialmente Laplanche e Winnicott, Larissa Bacelete vai deixando muito claro que a posição perversa é uma defesa contra uma situação de dilacerante angústia inicial.

Tal tese, resumida assim, logo fará surgir seus oponentes contumazes, aqueles que acreditam que, ao mostrar que o perverso também sofre, estaremos transformando o agressor em vítima, impossibilitando qualquer reflexão sobre a responsabilidade ou minimizando o horror que a perversão insiste em causar.

A primeira resposta que daria a esse crítico diz respeito à dialética (talvez sem síntese possível) entre o exclusivo e o excluído. É fácil perceber a mesma origem dessas duas palavras — *excludere*, não deixar entrar, fazer sair. O exclusivo é, antes de tudo, aquele que tem o poder de excluir. Só depois o termo ganha a acepção de especial, único. No contexto de uma discussão sobre perversão, é indispensável pensar nessa dialética para que a psicanálise não reproduza a ideologia que exclui a perversão como algo exclusivo, único em determinadas pessoas. É preciso fazer notar — e esse livro de Bacelete o faz com primor — que a perversão é o excluído de todos nós, e é também o que nos faz exclusivos, nos dois sentidos do termo: únicos e capazes de excluir o outro.

Essa lógica da exclusão está presente na imagem que Freud propõe para explicar o processo de recalcamento:

> Talvez possa ilustrar o processo de repressão [*Verdrängung*] e a necessária relação deste com a resistência, mediante uma comparação grosseira, tirada de nossa própria situação neste recinto. Imaginem que nesta sala e neste auditório, cujo silêncio e cuja atenção eu não saberia louvar suficientemente, se acha, no entanto, um indivíduo comportando-se de modo inconveniente [*sich störend benimmt*], perturbando-nos com risotas, conversas e batidas de pé, desviando-me a atenção de minha incumbência. Declaro não poder continuar assim a exposição; diante disso alguns homens vigorosos dentre os presentes se levantam, e após ligeira luta põem o indivíduo fora da porta. Ele está agora "reprimido" [*verdrängt*] e posso continuar minha exposição. Para que, porém, não se repita o incômodo se o elemento perturbador tentar penetrar novamente na sala, os cavalheiros que me satisfizeram a vontade levam as respectivas cadeiras para perto da porta e, consumada a repressão, se postam como "resistências". Se traduzirmos agora os dois lugares, sala e vestíbulo, para a psique, como "consciente" e "inconsciente", os senhores terão uma imagem mais ou menos perfeita do processo de repressão [*Verdrängung*][1] (Freud, 1970 [1909]: 26).

Descrito a partir dessa metáfora, fica claro que, na neurose, o desejo recalcado é inconveniente em todos nós, e para mantê-lo afastado são necessários esses "homens vigorosos", defensores dos bons

---

1 Sigo a tradução brasileira e faço referência aos termos no original alemão a partir dessas edições: Freud, S. *Cinco Lições de Psicanálise*. In _____. *Edição Standard Brasileira das Obras Psicológicas Completas de Sigmund Freud*. Trad. Jayme Salomão. Rio de Janeiro: Imago, 1970 [1909], vol. XI, pp. 11-51; Freud, S. *Über Psychoanalyse: fünf Vorlesung*. In _____. *Gesammelte Werke*. Frankfurt am Main: Fischer, 1999 [1909], pp. 2-60.

costumes. Estamos sempre a um passo da perversão, nos protegendo da perversão: quem não percebe nessa imagem sua dimensão política, isto é, a possibilidade de esses "cavalheiros" excluírem também aqueles que não "merecem" estar no recinto dos bem comportados? O que fazer com aquele ou aquilo que *stören*, que incomoda, estorva, perturba? Como não cair na ingenuidade purista de, simplesmente excluir o outro a fim de nos livrarmos da perversão que também está presente em nós mesmos? Por outro lado, como não ser condescendente com o perverso, exigir dele sua cota de responsabilidade diante do laço social, mesmo sabendo dos infinitos matizes da perversão cotidiana?

Nosso suposto crítico deveria compreender que, ao traçar uma genealogia libidinal da perversão, não estamos perdoando de antemão os crimes que alguém poderia cometer, dos mais insidiosos aos mais grotescos, mas apenas ampliando a lição de Freud de que fenômenos que escapam à racionalidade imediata devem também ser acolhidos e interpretados. A reprodução da ideologia que condena o perverso à exclusão tem seu coroamento quando, diante da pergunta "Por que o mal?", conseguimos apenas responder, como um pai já impaciente diante da curiosidade infinita da criança: "Não tem por quê".[2] Nas palavras de Roussillon, citadas pela autora: "O pior destino elaborativo da destrutividade é que ela seja interpretada como perfeitamente idêntica a isso que parece ser". Reconhecer as origens *pulsionais* da perversão é retomar a grande lição de Freud, já presente nos *Três Ensaios sobre a Teoria da Sexualidade*: na verdade, a própria sexualidade humana é perversa e polimorfa. É exatamente por um tipo de exclusão — o desejo perverso existe "em negativo" na neurose — que podemos imaginar que perversos são apenas "os outros".

O que temos neste livro de Bacelete, insisto, é a continuidade da revolução copernicana, no sentido de mostrar o profundo descentramento trazido por essa noção de sexualidade perversa ou de inconsciente constituído pela via da sedução generalizada. A tese da autora vai sendo construída de tal forma a mostrar que há *matizes* — importantes, sem dúvida — entre a sexualidade perversa, comum a todos nós, e a posição perversa, mais ou menos *exclusiva* de alguns.

---

2 Cf. Green, André. Pourquoi le mal? In _____. *La folie privée*: psychanalyse des cas-limites. Paris: Gallimard, 1990.

Quando, por exemplo, ela mostra que os pedófilos, de forma geral, foram tratados como crianças-objeto e praticam um tipo de vingança, invertendo os papeis de abusado/ abusador, ela inclui o outro constitutivo na cena. Que o pedófilo tenha sido também violentado nos primórdios de sua vida é um fato absolutamente relevante para colocar freio à sanha punitiva que deseja apagar todo traço de perversão no humano. Essa repetição do mal, essa irracionalidade de fazer com o outro exatamente aquilo que mais te destruiu, encontra seu fecho, curiosamente, em muitas teorias sobre a perversão: excluir o outro (como perverso monstruoso), pois é algo exclusivo daquela família "doente".

A psicanálise deve se contrapor à dobra ideológica propiciada por esse tipo de teoria moralista, e isso implica em reaver algo da dignidade de qualquer sujeito, inclusive o perverso. Conforme Winnicott:

> (...) quando há saúde, a comunicação criativa tem prioridade sobre a condescendência. A partir de uma percepção e de uma relação criativa com o mundo, o bebê pode se tornar capaz de sujeitar-se, sem perder a dignidade. (Winnicott, 2002 [1968]: 91)[3]

Convido o leitor a pensar nesse trecho para que possamos compreender o tipo de trabalho que Larissa Bacelete realiza ao tratar a perversão como tratou neste livro. A passagem é clara: Winnicott prioriza a comunicação entre mãe e bebê sem imposição, sem violência. Estabelece um ponto ótimo da convivência: poder se sujeitar às regras, mas "sem perder a dignidade".

O que seria essa dignidade, esse oposto à sujeição? Pensemos na origem da palavra dignidade, do latim *dignus*: "digno de, conveniente a; que merece; justo, honesto"[4]. Por sua vez, conveniente vem de *convenire*, isto é, "vir juntamente, afluir, encontrar-se, competir, ir ter com, visitar etc."[5] Quando o bebê é digno, ele é conveniente, ele

---

3 Winnicott, D. A comunicação entre o bebê e a mãe e entre a mãe e o bebê: convergências e divergências. In _____. *Os bebês e suas mães*. Trad. Jefferson Luiz Camargo. São Paulo: Martins Fontes, 2002 [1968], pp. 79-92.
4 http://houaiss.uol.com.br/busca?palavra=dign%28i%29-
5 http://houaiss.uol.com.br/busca?palavra=-vir

merece o que o outro lhe dá, ele pode ir ter com o outro, pode ser seu hóspede. A noção de dignidade eleva o outro à condição de hóspede conveniente, alguém *digno* de acolhimento. Daí, podemos concluir que a perversão é tratar esse outro como inconveniente, alguém que não merece nosso encontro, nossa acolhida. Agora, tomemos essa ideia da autora, quando resume a concepção de Bonnet:

> (...) o perverso abriga elementos inconscientes resultantes da sedução originária que não foi suficientemente mediada pelo objeto, redundando na internalização de objetos perseguidores, que excitam e atacam o ego do sujeito, levando-o a responder a estas sensações através da violência. O desejo de submeter o outro à dor faz com que, através do mecanismo de identificação projetiva, o perverso desfrute deste sofrimento que provoca, sendo remetido às suas próprias angústias.

Ampliar o contexto, buscar as origens, explicitar o papel do outro e do adulto, tudo isso é dar a dignidade que o conceito de "perversão" exige, dentro da Psicanálise. Que o leitor compreenda também o contexto mais amplo dessa discussão: vivemos tempos sombrios quanto aos discursos sobre a perversão, principalmente aqueles ligados aos "psicopatas", teorias que visam legitimar práticas de exclusão sumária.

No último capítulo deste livro temos um exemplo contrário a essa legitimação teórica — aliás, seu ponto alto —, quando Bacelete analisa o "caso" Dexter. Diante desse caso fictício, os discursos sobre o psicopata-monstro surgiriam facilmente. A autora, no entanto, não se deixa levar, e elabora uma interpretação sofisticada que de forma alguma "perdoa" o criminoso, mas que não deixa de dar a ele o direito à dignidade de ter sua história reconhecida. É curioso o curto-circuito que a teoria deve evitar: não ser perversa com os perversos. O caso é interpretado de tal forma a servir inclusive para o leitor que inicia seus estudos em Psicanálise compreender como as conclusões rápidas sobre a perversão devem ser evitadas.

As ideias contidas neste livro estão longe da condescendência, e são corajosamente criativas. Ser criativo, quando se estuda a perversão sob um ponto de vista psicanalítico, é, em primeiro lugar, não reproduzir o mal, isto é, destituir o outro de vez ou não permitir que ele possa ser acolhido e escutado; em segundo lugar, é ser capaz de produzir uma teoria que nos assegure que outras saídas são possíveis, que a perversão é uma contingência, fruto de certas histórias libidinais, e não de uma natureza "diferente"; finalmente, é fazer se reconhecer o angustiante matiz que vai da sexualidade perversa — e, de forma geral, recalcada e inconsciente —, presente em todos nós, até os atos perversos mais ou menos violentos. Larissa Bacelete cumpre todas essas tarefas com maestria e leveza, apesar da dura densidade do tema.

Fábio Belo
Professor do Departamento de Psicologia da Universidade Federal de Minas Gerais.
(http://www.fabiobelo.com.br)

Introdução

Os perversos mais inquietantes nos levam a refletir sobre as tendências das quais são reflexo e sobre os excessos que delas resultam no mundo atual. Pouco adianta responder aos desdobramentos perversos pelo moralismo ou pela repressão pura e simples. É preciso, sobretudo, questionar como viver as transformações éticas e culturais de nossa época sem criar desequilíbrio às expensas dos mais frágeis e mais expostos. (Bonnet, 2009, p. 25) [tradução nossa][6]

A experiência de pesquisa e atendimento clínico no Projeto CAVAS[7] nos motivou a investigar a temática das perversões. O acompanhamento desses casos nos fazia questionar a probabilidade de repetição dos atos de violência pelos que foram a eles submetidos em períodos muito precoces da vida, perpetuando um ciclo de abuso que assistíamos com frequência no seio da mesma família. Ouvindo relatos de pais e avós, que alegavam ter passado por experiências muito parecidas com as que vitimavam agora suas crianças, passamos a nos interrogar sobre essa reprise, que parecia aprisionar algumas gerações em reedições sombrias do mesmo drama.

Chegamos a realizar, na pesquisa de iniciação científica, um

6 *"...les pervers les plus inquiétants devraient surtout nous donner à réfléchir sur les tendances dont ils sont les reflets et sur les excès qui en résultent dans le monde actuel. Il ne sert à rien de répondre aux débordements pervers par le moralisme ou par la répression pure et simple. Il faut surtout se demander comment vivre les transformations éthiques et culturelles typiques de notre époque sans créer des déséquilibres aux dépens des plus fragiles et des plus exposés."*

7 Projeto de pesquisa e extensão realizado na UFMG, voltado para o atendimento psicológico a crianças e adolescentes que sofreram abuso sexual, além da disseminação de conhecimentos sobre a questão da violência infanto-juvenil, suas repercussões no psiquismo do infante e a condução da clínica nesses casos.

estudo sobre o conceito de *compulsão à repetição*, tentando relacionar esses fatos com o que Freud (1920/1996g) afirmou estar para além do limite do princípio do prazer. Esse estudo rendeu algumas considerações acerca das reverberações traumáticas do abuso sexual, apontando que

> A dificuldade e a resistência em reconhecer o sofrimento dos filhos e o fato de chegar a culpabilizá-los pela violência a eles infligida parece ser a expressão da incapacidade do psiquismo materno de tolerar o horror que significa a reprise do drama que se passou em sua própria infância. (Bacelete, França e Roman, 2010, p. 71)

No entanto, algumas inquietações não se dissiparam apenas com a aproximação entre a pulsão de morte e o abuso sexual transgeracional. Fomos percebendo que o discurso dos pais sobre a violência perpetrada aos filhos era atravessado por certos "espelhamentos", tão obscuros de serem desvendados, no enquadre das entrevistas concernentes ao tratamento de suas crianças, quanto impossíveis de serem ignorados. Diante dessa situação, não tínhamos dúvidas de que esses nódulos que uniam silenciosamente pais e filhos contribuíam, por exemplo, para a eclosão de comportamentos sexuais agressivos nestes últimos, tornando-os algozes de crianças menores. Apareciam também na estranha postura de extrema passividade, observada por França & Mendes (2010), que algumas crianças adotavam, imitando o agressor e introjetando o sentimento de culpa por seus atos, sendo incapazes de se defenderem ou reagirem aos maus tratos sofridos. Percebíamos, ainda, que alguns aspectos relativos à interpretação dos familiares sobre a violência sexual que atingira o infante apareciam na fala, nos gestos e comportamentos da criança, nas poucas sessões em que esse tema podia ser tratado diretamente. De onde vinha esse *ruído* — para usar a expressão de Laplanche (2003) —, senão das fantasias parentais sobre a sexualidade? Como penetravam o psiquismo infantil, a ponto de encontrarem na criança de hoje um palco onde eram encenados traumas de outra geração?

A grande incidência da repetição nos casos de abuso sexual infantil demonstra a importância da investigação do funcionamento psíquico perverso e de seus trilhamentos pulsionais. Sua complexidade exige que nos desprendamos das posturas extremistas e passionais frequentemente adotadas pelos que se veem absorvidos pela crueza da pedofilia e suas amplas consequências. Apesar da relevância social do tema "abuso", nossa pesquisa não se restringirá a esses casos, pois acreditamos que o estudo sobre as perversões ultrapassa a experiência da violência sexual, tocando em questões tão básicas e complexas como as primeiras relações entre bebê e cuidador. Propomos, então, o estudo desse vínculo primário, que nos parece apontar para entraves psíquicos que possam culminar em problemáticas sociais de grande abrangência, como a violência sexual infanto-juvenil, a delinquência, o homicídio e outros.

No panorama da psicanálise, o termo *perversão* é utilizado por Freud (1905/ 1996a), em seus *Três Ensaios sobre a Teoria da Sexualidade*, para designar a sexualidade infantil. O caráter fragmentário e polimorfo da vida sexual pré-genital seria substituído pela organização das pulsões em torno da genitalidade na idade adulta. Já no texto "Uma criança é espancada", a perversão é representada por uma fantasia masoquista relatada por alguns de seus pacientes, a de ser açoitado pelo próprio pai. Para Freud (1919/ 1996f), tal fantasia era típica da vida normal infantil, sendo prontamente relacionada ao complexo de Édipo e aos impulsos sexuais recalcados. Anos mais tarde, no trabalho sobre "Fetichismo" (1927/ 1996k), a recusa da castração aparece para explicar o mecanismo psíquico característico dessa formação, assim como a noção de clivagem do eu. De acordo com esta última vertente, o perverso seria, então, aquele que não aceita a castração materna, mesmo que se depare com a realidade dessa falta. Para ele, a crença na universalidade do pênis não pode ser facilmente abandonada, e o fetiche substitui o órgão fálico nessa incessante busca de provar sua existência no corpo materno. Sendo assim, a percepção da diferença entre os sexos e a angústia que ela pode acarretar para a criança levam o ego a sofrer um processo de cisão, no qual funcionariam, ao mesmo tempo, dois registros contraditórios: a conservação do pênis, que um dia se acreditou pertencer à mãe, e a figura dessa mãe castrada.

Percebemos como a pesquisa sobre a perversão foi avançando na teorização freudiana à medida que os modos de funcionamento psíquico a ela atribuídos foram sendo esclarecidos em termos metapsicológicos — através dos conceitos de clivagem do eu e recusa da castração. Entretanto, pode-se afirmar que, ainda hoje, algumas questões permanecem em aberto, principalmente no que tange às origens dessa organização e às trilhas pulsionais percorridas nesses casos.

Tais entraves podem contribuir para que as sexualidades desviantes sejam vistas como estruturas sólidas, fixas e inalteráveis, como formações refratárias ao tratamento analítico, das quais estariam subtraídos quaisquer vestígios de insatisfação, inibição, culpa e angústia, em decorrência da fruição ilimitada de gozo. Assim, quando falamos em perversão, é comum que alguns termos sejam rapidamente associados a essa temática — tais como crueldade, maldade, indivíduo de má índole e outros, sugerindo que aquele que comete um ato classificado como perverso está distante do que entendemos por humano. O perverso, muitas vezes, é visto como alguém incapaz de pensar no outro como um sujeito de direitos e desejos, tratando-o somente como mero objeto em suas manipulações violentas e estranhas.

A presença frequente de casos de abuso sexual, estupro e assassinato nos veículos midiáticos pode nos levar a pensar, com assombro, em um crescimento do número de perversos em nossa sociedade. E existem até mesmo aqueles[8] que atribuem uma perversão social generalizada ao declínio das grandes figuras de autoridade no mundo moderno — na religião, no cenário político e na constelação familiar. No entanto, para Gerard Bonnet (2009), um dos autores com os quais iremos dialogar neste trabalho, essa cifra se mantém mais ou menos estável, com a diferença de que atualmente ousa-se apresentar comportamentos que outrora seriam mantidos à sombra. Poderíamos acrescentar que o surgimento de programas sociais específicos para lidar com os efeitos de tais práticas (como, por exemplo, no Brasil, o Plano Nacional de Enfrentamento à Violência Sexual Infanto-juvenil, criado em 2000,[9] ou o Plano Nacional de Políticas para as Mulheres

---

8 Como em Laia, S. "Demissão do pai, domínio da mãe, e violência urbana: uma contribuição para a investigação sobre a perversão generalizada". Recuperado em www.institutosummus.com.br/violenciaurbana.doc.
9 Dados da Secretaria dos Direitos Humanos da Presidência da República. Recuperado em: www.sedh.gov.br.

lançado em 2005, cujas ações têm, principalmente, o compromisso de diminuir o índice de violência cometida contra mulheres) permite que mais casos dessa natureza sejam denunciados, e que, portanto, se discuta sobre eles. Mas, segundo o autor, a impressão de estarmos expostos a atos perversos e o medo que seus praticantes evocam têm raízes em questões mais amplas do que a simples divulgação da violência. As transformações quanto às regras de parentesco e aos valores morais clássicos modificaram em muito as relações sociais nas últimas décadas, e o rompimento com tais referências produz certa angústia, ilustrada pelas ações dos desviantes sexuais que violam os ideais mais sagrados em seu próprio contexto social: a integridade física e psíquica da criança, o respeito ao corpo da mulher, a interdição ao incesto. Neste sentido, o autor nos convida a pensar sobre o pedófilo, que, mesmo sendo altamente condenado socialmente, parece encarnar os desejos de uma era que exalta a infância, seus atributos e suas possibilidades de gozo extremamente lucrativas.

Portanto, o *frisson* que esse fenômeno causa na opinião pública e na mídia deve ser analisado a partir do gozo que tais descrições provocam, atiçando fantasias recalcadas (Bonnet, 2009). Isso nos leva a considerar que, mesmo nesses casos extremos, nos quais as consequências despertam o repúdio de grande parte da sociedade, não se deixa de observar certo fascínio por tais atos, seja pela via do espanto, da indignação, do ódio ou da excitação, como se esses comportamentos traduzissem desejos inconfessáveis, que habitam também aqueles que os condenam. Por partirmos do pressuposto de que estas fantasias são, em alguma medida, matrizes do funcionamento mental humano — conforme Freud já demonstrara em 1905 —, concordamos, então, que as tendências perversas povoam o psiquismo daqueles que se horrorizam e, ao mesmo tempo, se comprazem com elas.

Sabemos que na psicanálise contemporânea existem ideias distintas acerca do que deve ser classificado como perversão, do que é um sujeito perverso e da utilidade desse diagnóstico na prática clínica. Alguns autores — como Clavreul (1990), e Millot, (2004) — afirmam que no cerne dessa configuração psíquica nos deparamos com a recusa da castração, conforme Freud concebe nas teorizações sobre o fetichismo. Outros, entre os quais André (1996) e Rosenberg (2003), trabalharão, principalmente, com a questão do masoquismo, tomando-o como paradigma da perversão.

Certos questionamentos sobre as origens da sexualidade perversa nos aproximaram da segunda vertente teórica, pois pensamos que, se a recusa da castração nos dá notícias da dificuldade do sujeito em se incluir numa rede social balizada por alguns princípios éticos e morais, ela não é suficiente para desvendar as causas dessa rebeldia ou os fatores que estariam envolvidos na gênese dessa formação. O termo *recusa,* em nossa opinião, dá a ideia de que existe a possibilidade de escolha diante da castração: aceitá-la ou não. Embora saibamos que se trata de um fenômeno inconsciente, o "recusar" parece conservar um sentido de atividade diante do trauma, como se essa operação partisse, antes de tudo, do psiquismo do próprio sujeito. Divergindo dessa posição, pensamos que é preciso ir um pouco além (ou aquém) nas pesquisas sobre a sexualidade perversa, voltando o olhar para as primeiras relações objetais vivenciadas pela criança que possam esclarecer por que a castração não pode ser aceita posteriormente, por que o sujeito não se submeterá à lei, por que recusará parte da realidade.

Nessa perspectiva, operamos um recorte na ampla bibliografia disponível sobre o tema, resultante de interpretações distintas das várias correntes psicanalíticas em relação a este mesmo fenômeno. Com o objetivo de priorizar a investigação das relações primárias entre o adulto e a criança que se tornará um perverso, escolhemos alguns autores cujas teorias nos pareceram promissoras nesse sentido.

Começamos, no primeiro capítulo, com Joyce McDougall (1983a), que, com o termo *neossexualidade*, introduz a ideia de que a atuação perversa é uma prática criativa daquele cujas fragilidades egoicas geram grande quantidade de angústia. Na visão da autora, a precariedade do eu se deve à relação incestuosa e abusiva vivida com o objeto primário: ao mesmo tempo em que desconhece as fronteiras físicas e psíquicas da criança, mantendo com ela ligações extremamente íntimas ao lhe impor seus próprios conteúdos e fantasias, a mãe do perverso mantém distância da subjetividade dele, ignorando suas necessidades e impedindo a consolidação dos processos de introjeção objetal. Baseando-se em alguns conceitos de Winnicott, principalmente sobre os fenômenos transicionais, McDougall sustenta que a perversão é um substituto do objeto que deveria ter feito a interseção entre a criança e a mãe, até que esta pudesse ser representada no psiquismo infantil. Desta forma, o ato precisa ser repetido incessantemente, mantendo no sujeito a sensação de realidade e de coesão egoica.

No mesmo capítulo, também se referindo ao conjunto da obra winnicottiana, René Roussillon (2004) relaciona traumas narcísicos à perversão, afirmando que a incapacidade do objeto primário de se ajustar às condições do bebê, refletindo seus estados internos, pode favorecer a emergência de comportamentos violentos e compulsivos. Nos primórdios do desenvolvimento psíquico do sujeito, a mãe deve funcionar para a criança como um espelho, acolhendo seus afetos mais intensos e devolvendo esses materiais de forma mais simbolizada. O autor ressalta outro papel fundamental do objeto nesses momentos: reconhecer o potencial de criação contido nos atos destrutivos apresentados pelo infante, derivados dos movimentos de diferenciação entre o eu e o mundo externo. Consideramos este um ponto interessantíssimo na abordagem da sexualidade perversa, já que demonstra a influência da interpretação do adulto em relação à agressividade da criança e as possíveis consequências disso.

No segundo capítulo apresentamos a visão de Gerard Bonnet acerca das perversões, fazendo, para tanto, um breve resumo da Teoria da Sedução Generalizada de Jean Laplanche, que embasa as ideias daquele autor. Bonnet (2009) afirma que o perverso experimentou uma grave frustração em suas primeiras relações com a alteridade: o adulto que erotizava a criança, abastecendo-a de mensagens sexuais inconscientes que contribuem para a fundação de seu psiquismo, por alguma razão interrompe esse processo de sedução. O sentimento de abandono e de solidão provocados no infante suscita, então, uma fantasia de vingança que passa a ser encenada nas práticas sexuais. Usando o outro como um continente para projetar seus conteúdos, o perverso lhe atribui aquilo que não deseja abrigar: a fragilidade diante da separação do objeto primário — no sadismo, é o parceiro quem sofre —, o caráter impulsivo e descontrolado da pulsão e dos afetos — na pedofilia, é a criança que encarna essas qualidades —, a violência e a destrutividade — no masoquismo, o outro sente prazer em castigar. Portanto, a atuação perversa serve para veicular uma verdade, um saber inconsciente que não vem à tona através da palavra.

No terceiro capítulo nos dedicamos à análise de um seriado bastante popular na televisão americana: "Dexter", cujo primeiro episódio foi exibido em 2006, narra a história de um assassino em série buscando em seu passado elementos que deem sentido à compulsão por cometer homicídio. Para realizar essa tarefa, lançamos mão de um autor reconhecido por seu trabalho com a população carcerária em uma penitenciária francesa, onde integrava a equipe do centro de tratamento psicológico. De acordo com Claude Balier (1988/ 2009), os crimes violentos podem estar relacionados a conflitos identitários existentes no agressor, traduzidos, por exemplo, por certa dificuldade em reconhecer os limites entre interno e externo. A fobia de ser expropriado de sua subjetividade, aniquilado pelo objeto, também compõe o impulso de destruir o outro.

Recorremos ainda a alguns textos de Winnicott, nos quais a questão da delinquência e da agressão é debatida de forma instigante, relacionada à privação na esfera familiar. Winnicott (1967/ 1991) sugere que esses comportamentos podem representar a esperança da criança em voltar a determinado tempo ou situação nos quais essa carência ainda não ocorrera. Esta premissa baseia-se na ideia de que, nesses casos, a criança viveu uma experiência de satisfação com o objeto que, no entanto, foi interrompida. Notemos que essa noção também é empregada na teorização de Bonnet. Partindo desse ponto de vista, a tendência antissocial seria uma maneira de o infante se comunicar com o outro, convidando-o a acompanhá-lo nesse processo regressivo.

Nessa parte convocamos os argumentos dos teóricos anteriormente apresentados numa tentativa de inaugurar um diálogo entre posições distintas em relação à perversão, mas que mantêm como denominador comum o interesse pelos movimentos de constituição do ego. Quais seriam os pontos divergentes entre as hipóteses de McDougall, Roussillon, Laplanche, Bonnet, Winnicott e Balier? Quais as críticas que cada autor pode nos ajudar a propor em relação às ideias do(s) outro(s)? O uso desse caso clínico (se considerarmos o personagem do seriado como um "paciente" a ser analisado) tem a vantagem de nos ajudar a exemplificar esse intercâmbio entre as teorias, desvelando o que se mostra precário e o que se sustenta nas argumentações.

Por fim, apresentamos alguns pontos sobre o trabalho analítico que acreditamos ser possível com esses sujeitos. Pensamos que a escassez de publicações que versem sobre a condução clínica desses casos reflete a contratransferência e os sentimentos perturbadores que o contato com pacientes perversos suscita. Conforme lembra Ferraz (2000), o tema da perversão coloca o analista diante de um grande impasse ético, ao ser convocado a responder com neutralidade e abstinência ao uso danoso do corpo e do psiquismo do outro. No entanto, consideramos este um esforço essencial para o desenvolvimento da teoria psicanalítica, e acreditamos que a resistência em oferecer ao perverso outras vias de comunicação além do ato faz com que o funcionamento psíquico desse sujeito permaneça ancorado na vingança, na reedição da frustração vivenciada precocemente. A aposta de que a escuta psicanalítica possa deslocar tal comportamento revela uma expectativa de não nos depararmos mais com tanta frequência, no contexto social, com a devastação causada pela violência sexual, pela agressão e outras práticas desviantes.

Identificamos, portanto, que a violência não se situa apenas do lado daqueles que sofrem a hostilidade do perverso, mas está também vinculada aos elementos fragmentadores de traumas vividos pelo próprio agressor. Seu comportamento vingativo demonstra o caráter histórico dessa violência.[10] Seja em função da impossibilidade de introjetar o objeto primário, dos percalços desse objeto em reconhecer os atributos positivos da impulsividade da criança ou devido à suspensão de um vínculo amoroso primitivo, a vingança parece apontar para um sofrimento que precisa ser compensado e tratado na perversão. Isso contradiz a visão simplista do perverso como aquele que goza do mal-estar alheio, sem experimentar, contudo, nenhum sinal de culpa, angústia ou pesar. Se nos identificamos prontamente com o sofrimento das vítimas de violência em períodos tão precoces da vida, como as

---

10 A questão da vingança na economia psíquica perversa também foi abordada em Bacelete, L. e Shimaru, N. "Violencia y perversión: venganza como respuesta al trauma", trabalho apresentado no *III Congreso Internacional de Violencia, maltrato y abuso: víctimas y victimarios. Un desafío para la interdisciplina.* Buenos Aires, novembro de 2011.

crianças atendidas no Projeto CAVAS, e consideramos legítimas suas fantasias de revanche, resta-nos questionar por que não nos permitimos atentar também para as atuações estereotipadas e vingativas do perverso, reconhecendo-as como ecos de um pedido de socorro não atendido, feito pela criança que ele foi na época do trauma.

Capítulo 1 - Sexualidade perversa, compulsão e reparação egoica

O caráter compulsivo da prática perversa tem sido observado pelos pesquisadores que procuram compreender o funcionamento dessa patologia. A repetição do comportamento perverso para além da obtenção de prazer marca a visão de autores como McDougall (1997b), Chasseguet-Smirgel (1991) e Ferraz (2000), que ressaltam a necessidade dessas atuações para o sujeito, assim como a função que desempenham na economia libidinal, proporcionando um escoamento da angústia que inunda o aparelho psíquico nesses casos. No entanto, foi McDougall quem expôs detalhadamente o funcionamento do psiquismo perverso, afirmando ainda o papel de sustentáculo narcísico desse tipo de sexualidade. Desse modo, passemos à análise de suas contribuições acerca do tema.

As neossexualidades: versões da perversão em Joyce McDougall

Joyce McDougall, psicanalista neozelandesa que viveu e clinicou durante muitos anos em Paris, publicou diversos trabalhos sobre as patologias do ego cuja importância foi reconhecida no cenário psicanalítico mundial. Aos dezessete anos teve o primeiro contato com a obra freudiana, lendo *A Psicopatologia da vida cotidiana*, quando então, fascinada pela psicanálise, decidiu cursar Psicologia. Ingressou na Faculdade de Artes e Ciências da Universidade de Otago, onde participou também de atividades ligadas ao teatro, como atriz e como diretora. O gosto pelas artes cênicas se relaciona à sua ligação com o avô paterno, que frequentemente organizava e produzia espetáculos teatrais na cidade em que vivia. Joyce McDougall costumava passar as férias na fazenda dos avós, onde aprendeu também música e pintura (Menahem, 1999).

A importância dessas experiências na vida da autora pode ser constatada quando conhecemos suas teorias — o teatro, como metáfora, é invocado em vários momentos. Seja falando sobre as expressões corporais dos conflitos psíquicos ou dos arranjos sexuais próprios da sexualidade perversa, a *cena* sexual e suas emblemáticas reverberações é sempre colocada no foco das interpretações da autora, e uma de suas contribuições mais originais é a ideia de que a repetição nem sempre está ligada à pulsão de morte, podendo também conter um potencial criativo.

Na esteira dessa premissa, McDougall (1997a) denunciou o sentido pejorativo da palavra perversão e propôs que em seu lugar se utilizasse o termo *neossexualidade*. Isso indica um dos pontos trabalhados pela autora: a noção de que o perverso não é apenas um sujeito destituído de humanidade, desprovido da capacidade de empatia e infrator da lei paterna que insiste em recusar desde os tempos do conflito edípico. McDougall (1983a) aponta para a criação, interessante faceta da perversão tantas vezes ignorada ou escamoteada por uma abordagem preconceituosa do tema, ainda que muitas vezes fundamentada na mesma psicanálise freudiana que aproxima o normal e o patológico.

Se a autora insistia em falar sobre a invenção no cenário sexual desses sujeitos, não era apenas com o intuito de obter uma perspectiva mais positiva da questão da perversão, mas também por acreditar que a construção da identidade sexual é a pedra angular sobre a qual repousa toda a subjetividade do perverso. Em outras palavras, a invenção da neossexualidade veio combater o sentimento de vazio interior e de derrocada do ego quando os traços de representação do objeto materno não puderam ser introjetados, gerando falhas na simbolização e na delimitação das fronteiras corporais.

Em sua experiência clínica, a análise de pacientes neossexuais rendeu a McDougall (1983b) a constatação de certo padrão familiar, que consistia na presença invasiva de uma mãe dominadora e na ausência de uma figura paterna capaz de barrar o controle desmedido dela em relação à criança. A idealização da figura materna onipotente, percebida pela autora nesses casos, tem um importante papel na economia psíquica perversa: ela preserva recalcados o ódio e o temor do infante a essa mãe que deseja devorar, dominar, esvaziar o bebê de seus conteúdos, transformando-o em uma espécie de marionete que ela possa regular a seu bel-prazer. O ingresso de um terceiro nessa relação é bastante dificultado pela desqualificação do pai ou de qualquer outro personagem que faça as vias de agente de separação entre mãe e criança, ficando esta entregue aos ditames da figura materna. A autora aponta como consequência dessa perturbação inicial uma grande falha na erotização do corpo do infante, levando-o a apresentar reações como as que René Spitz (1946, citado por McDougall, 1992, p. 194) percebera em seus experimentos sobre a masturbação infantil: nas crianças que desenvolvem uma sexualidade desviante, o onanismo é substituído por brincadeiras com excrementos e violentos movimentos do corpo e da cabeça. Segundo McDougall, isso indica que há uma separação entre a mão e o sexo da criança, ou seja, que a vivência erótica parece ser sentida como algo proibido devido à atitude castradora da mãe.

Ao lermos McDougall, é possível perceber que as noções de introjeção, constituição do eu e inveja aparecem em suas teorizações de modo muito semelhante ao que pode ser encontrado na obra dos psicanalistas ingleses. Mas, mesmo após alguns anos de formação em Londres, principalmente com Winnicott e Anna Freud, McDougall não se reconhecia como membro de nenhum grupo estrito da Psicanálise. Embora frequentasse, nessa época, a British Psychoanalytical Society, a autora tinha como supervisores um discípulo de Anna Freud e um de Melanie Klein. Participava também regularmente dos seminários de Winnicott, cuja obra teve relevante papel em seus trabalhos posteriores, inclusive nas construções teóricas acerca da perversão. Alguns desses conceitos winnicottianos, em especial o dos *fenômenos transicionais*, merecem um olhar mais detalhado para que nos aprofundemos em nossa temática.

Winnicott os define como um terceiro espaço de experimentação, um lugar que "representa a transição do bebê de um estado em que este está fundido com a mãe para um estado em que está em relação com ela como algo externo e separado" (Winnicott, 1975, p. 30). Os fenômenos transicionais ocorrem no primeiro semestre de vida da criança, por volta do quarto mês, e consistem em movimentos de reconhecimento do objeto como não-eu, embora ainda de forma precária. Trata-se do intervalo entre a pura subjetividade do infante e o reconhecimento da realidade externa; esse progresso começa pela manipulação autoerótica, com a criação de brincadeiras que permitem ao infante explorar as fronteiras corporais e, posteriormente, se amplia para o uso de brinquedos ou objetos que adquiram o estatuto de defesa contra a ansiedade, principalmente em relação à separação do corpo materno.

O objeto transicional, escolhido pela criança para simbolizar essa interseção eu-outro é afetuosamente investido e deve permanecer disponível, sempre da mesma forma, até que seja gradativamente destituído de importância, quando perder sua função ao longo do desenvolvimento infantil. Segundo Winnicott (1983/1958), o papel da mãe nessa operação é o de proporcionar ao bebê uma experiência ilusória de que o seio lhe pertence, ou de que a realidade está sob o controle mágico e onipotente do filho. Pouco a pouco, um movimento contrário, de desilusão, começa a ocorrer, na medida em que o bebê desenvolve confiança no ambiente externo e pode experimentar as primeiras frustrações que conduzirão ao desmame.

Retornemos às concepções de Joyce McDougall sobre a sexualidade desviante. Como podemos relacioná-las ao profícuo referencial winnicottiano acerca desse terceiro espaço, no qual acaba por se fundar o reconhecimento do infante dos limites e da separação? O que isso nos diz sobre a perversão e a invenção de uma *nova* sexualidade?

A atitude invasiva da mãe, seja motivada por suas inseguranças e carências internas ou pelo desejo de dominar a criança, entrava o processo de introjeção dos objetos bons e apaziguadores, visto que o intervalo necessário para a construção do espaço transicional encontra-se violado pela presença maciça do objeto real. Desta maneira, a criança buscará compulsivamente um objeto externo capaz de suprir o vazio em seu mundo interno. Esse *objeto de transição*, diferente do *objeto transicional*, representa o fracasso da função do terceiro espaço caracterizado por Winnicott, já que sua presença física é incessantemente procurada pelo sujeito em oposição a seu uso simbólico. A vivência compulsória da sexualidade perversa encontra aí suas raízes: a cena primária inventada pelo desviante tem que ser repetida a fim de resguardar os contornos egoicos e corporais, fragilizados diante do laço angustiante com o objeto primário. Nas palavras da autora:

> A eterna busca do pai, escudo defensivo contra a mãe onipotente, contribui para dar à perversão um caráter compulsivo, e fornece à estrutura psíquica perversa um amparo contra a psicose, ao mesmo tempo em que atesta a sua fragilidade intrínseca. Aquilo que se faz ausente no mundo interno é procurado num objeto ou situação exteriores, pois uma falha da capacidade de simbolização provocou um vazio na estrutura edipiana. Este fracasso diz respeito ao papel do pênis paterno e à significação da cena primitiva. A dissolução de certos elos associativos tende a enfraquecer, ao menos neste terreno, a relação do sujeito com a realidade, e conduz a um desfecho "psicótico" do conflito edipiano e da angústia de castração. Esta "solução" é, por sua vez, erotizada, e o sujeito encontra simultaneamente uma resposta para o problema da descarga instintiva. (McDougall, 1983b, pp. 37-38)

A neossexualidade opõe-se ao sentimento de vazio que ameaça o sujeito, e seu caráter compulsório deve-se muito mais a uma tentativa de supressão desse perigo do que à satisfação de qualquer imperativo edipiano avesso às proibições sociais. Em outras palavras, a temática do desejo parece luxuosa demais para aqueles que ainda têm que lutar pela subsistência (McDougall, 1983c). O que estamos tentando dizer é que a incapacidade materna de propiciar a construção desse local fronteiriço, que marca a passagem entre a extrema dependência do bebê e seus gradativos ganhos em direção à autonomia, compromete a simbolização de certos limites, colocando em xeque a capacidade do sujeito de se sentir vivo e real quando o objeto não se encontra presente.

Vimos então que, para McDougall (1997b), a criação sexual perversa representa uma tentativa de contornar as angústias castradoras mais arcaicas, como a separação entre o bebê e o corpo materno, a ameaça de desmoronamento do eu ou a mortificação narcísica decorrente da ausência do objeto primário. Tais sensações são evitadas através da construção neossexual, que pode ser pensada como uma espécie de garantia que o sujeito tem de sua existência, a despeito do outro todo-poderoso das primeiras relações objetais. Assim, chegamos ao duplo papel da cena primária representada na atuação do perverso. Por um lado, ela é uma formação identitária que visa refrear a dominação da figura materna, elegendo na realidade externa um substituto fálico para a função paterna malograda. Sendo assim, o exercício da atividade sexual desviante é a única forma que o sujeito encontra de impedir que todos os seus conteúdos internos sejam apropriados pelo outro, guardando sua descoberta erótica como um segredo tão importante quanto sua sobrevivência psíquica. O fetiche, o sadismo, o masoquismo, a pedofilia e outras formas de arranjo sexual entram na organização desviante com esse propósito. Por outro lado, a encenação perversa guarda alguns vestígios dessa sujeição ao outro das origens, representando também a relação incestuosa com esse objeto.

Essa segunda vertente da cena primária nos remete à contribuição de Janine Chasseguet-Smirgel (1991), que salienta a manutenção do enlace mãe-criança expressa no fetichismo. O impulso do fetichista para exercer o controle absoluto de seu objeto, ora idealizado, ora aviltado, permite que ele restabeleça a união com a mãe, mas também que se distancie dela quando o desejar, forjando certo controle sobre a perda dessa figura. O fetiche é, então, antes uma identificação do que um mero objeto, na medida em que representa o seio, a pele, o odor materno, e protege da castração e da separação. Para a autora, a sedução materna e o excesso de gratificações impelem a criança à escolha de uma via curta para a solução de suas frustrações, via essa que aponta para a estagnação no tempo da satisfação, evitando enfrentar a solidão, a dor e a depressão, aspectos fundamentais na elaboração dos conflitos inerentes ao desenvolvimento humano.

Toda essa problemática que diz respeito às fronteiras faz com que o infante introjete uma imagem frágil e mutilada de si mesmo. A invasão devastadora do outro deixa um legado de dependência extrema, e de angústias que assolam o sujeito nos momentos em que a compulsão sexual parece falhar em sua função de sustentáculo narcísico. Embora o arranjo parental peculiar seja importante nos casos de desvio sexual (ou seja, a mãe dominadora e o pai castrado), McDougall (1997b) acredita que isso não seja exclusividade da perversão. Para ela, a identificação é o cerne da questão perversa: é por não poder identificar-se com uma ou outra figura parental que o sujeito desenvolve uma sexualidade que serve de parâmetro para sua existência, e onde possa apoiar toda a sua subjetividade. O impedimento identificatório, seja em relação à figura feminina ou masculina, deve-se ao caráter contraditório do discurso dos pais sobre a sexualidade (tanto a deles mesmos, quanto a da criança), repleto de lacunas e pontos conflitantes. Assim, McDougall afirma que o infante lança mão de uma identificação fictícia, quase caricatural, que irá ocupar o espaço de sua verdadeira identidade. Citamos um trecho em que essa ideia aparece claramente:

> Nos desvios, tanto heterossexuais quanto homossexuais, a necessidade de reinventar o ato sexual habitualmente pode ser rastreada até acontecimentos infantis perturbadores ou comunicações desencaminhadoras a propósito da identidade sexual, dos papéis sexuais e dos conceitos de feminilidade e masculinidade. Nesses casos, os relacionamentos adultos com parceiros exigem complicadas manobras, condições e figurinos, à maneira das encenações teatrais. (McDougall, 1997a, p. 188)

Entretanto, perguntamo-nos o que inviabilizaria o processo de identificação na perversão, já que todo e qualquer discurso parental carrega em si pontos conflitivos e enigmáticos quanto à sexualidade, de tal maneira que cogitar um entrave nesse movimento em decorrência desses núcleos sintomáticos dos pais seria o mesmo que conceder à saída perversa e à construção neossexual expressões sociais muito maiores do que as que constatamos na realidade.

Procurando compreender quais são os determinantes de tais prejuízos, empreendemos uma leitura criteriosa da produção da autora sobre o tema da perversão, encontrando nela duas justificativas. A primeira, contida no trabalho "A cena sexual e o espectador anônimo" refere-se ao caso de um paciente que desenvolvera uma maneira fetichista de identificar-se com o avô, figura idealizada por sua mãe. Entretanto, McDougall (1983d) nos faz notar que qualquer realização criativa do paciente passava pela identificação com o pai, figura castrada e desvalorizada naquele núcleo familiar. Desse modo, a onipotência materna, impedindo o acesso da criança ao falo na figura real do pai, impulsionava o menino à encenação fetichista, única representação possível de sua masculinidade. Esse sujeito viria a desempenhar na trama sexual um papel semelhante ao do avô, munindo-se do chicote que era sua marca e do qual falava frequentemente a mãe. Para a autora, essa impossibilidade identificatória seria ilustrativa de vários outros casos de desvio sexual, nos quais a posição erótica viria a responder aos impasses que pairavam entre o feminino e o masculino na fase da infância. Contudo, pensamos que a fragilidade desse argumento deixa-se mostrar na percepção da analista de que toda a criatividade do paciente estaria ligada à imagem desvalorizada da figura paterna. Ora, não devemos considerar isso um indício bem claro de que a identificação da criança com o pai não teria sofrido qualquer impedimento, embora expondo claramente o aspecto depreciativo?

A segunda afirmação de McDougall (1997c) sobre o percalço identificatório, apresentada no artigo "As neonecessidades e as sexualidades adictivas", segue na direção daquilo que discutimos anteriormente em relação às concepções winnicottianas. Para ela, o excesso de proximidade com o objeto (especialmente a mãe) dificulta a simbolização do outro no psiquismo da criança, visto que esta não dispõe de um espaço transicional que intercale presença e ausência. Essa saída nos parece mais promissora do que a primeira, que se baseia na ideia de que algumas proposições "desencaminhadoras" acerca do gênero acarretariam a solução neossexual. Nessa segunda hipótese, diferente disso, vislumbramos uma questão que desejamos desenvolver mais adiante: o excesso de alteridade na construção de uma sexualidade perversa. De qualquer forma, em ambos os argumentos da autora percebemos um hiato teórico entre 1) a premissa de um fracasso identificatório existente na perversão e 2) a eleição (aleatória?) de uma personalidade quase performática representada pelo sujeito, combatendo a angústia do desmoronamento egoico. Se, para McDougall, o teatro sexual — ou seja, as encenações eróticas cuidadosamente planejadas

— ocupam lugar de destaque no psiquismo perverso, como sustentar que esse sujeito não se identifica com as figuras parentais? Não deveríamos tomar essa "identificação fictícia" de que fala a autora como um eco das proibições, contradições e lacunas do discurso do par parental sobre a sexualidade?

Narcisismo e lógica perversa: de Winnicott a Roussillon

René Roussillon, psicanalista francês membro da Société Psychanalitique de Paris e professor de Psicologia Clínica na Université de Lyon, tem conduzido pesquisas sobre os processos transicionais e seu papel na simbolização primária do psiquismo humano. Muitas de suas publicações versam sobre a análise que pode ser conduzida com pacientes que o autor chama de "narcísicos", ou seja, cujas questões centrais incidem sobre os momentos de constituição da identidade, também conhecidos como *casos-limite* ou *borderline*. Em sua obra *Agonie, clivage et symbolisation* (1999), o autor nos apresenta um estudo aprofundado dessas patologias, descrevendo o que ele chama de *traumatismo primário*, suas formas de expressão na clínica e as possibilidades de tratamento simbólico dessas vivências. Já a aproximação de tais patologias com a perversão é proposta em *Narcissisme et perversion* (2004), publicado em parceria com Nicole Jeammet e Françoise Neau, no qual traçam paralelos entre as duas questões. Em nosso trabalho utilizaremos principalmente essas duas obras do autor para expor seu pensamento e relacioná-lo às nossas investigações acerca da sexualidade desviante.

Roussillon (2004) afirma que, em alguns casos encontrados em sua clínica[11] nos quais os sintomas estão relacionados ao narcisismo e à identidade, é comum que ocorram também atuações classificáveis como "perversas". Nesses casos, esses aspectos geralmente não

---

11 Segundo o autor, em cerca de cinquenta pacientes que atendeu, cujas patologias se deviam à fragilidade narcísica e identitária do sujeito, uma dezena apresentava também comportamentos perversos — masoquistas, sádicos, fetichistas etc.

são o motivo da procura pela análise, e permanecem ocultos durante muito tempo, sendo tomados como sintomas apenas quando o paciente faz certo progresso no tratamento, podendo entrar em contato com partes clivadas de seu psiquismo. Portanto, o autor defende que alguns comportamentos e mecanismos perversos devem ser associados aos traumatismos primários que afetam a organização identitária, atribuindo às atuações desviantes um papel secundário.

Assim como McDougall, o autor também fala da conotação moral que atinge tanto o termo "perverso", quanto "narcísico". Mesmo no vocabulário corrente dos profissionais da área da saúde mental, ambos são dotados de certo julgamento moralizante sobre as pessoas que são assim diagnosticadas, não se restringindo aos processos psíquicos. Desta maneira, é preciso estar atento para que essa tendência não "perverta" a teorização dessas patologias. O psicanalista, dotado de uma instancia superegoica e de um senso moral, não pode se desvincular totalmente dessas balizas em sua prática clínica, mas cabe à análise da contratransferência a tarefa de tornar interpretáveis esses conteúdos, que ameaçam infiltrar a investigação da subjetividade do paciente e a condução do caso.

Para Roussillon, a posição moralizante seria, antes de tudo, uma redução das possibilidades identificatórias do profissional com o paciente, seu sofrimento e seus conflitos. O autor nos lembra que, com a teorização da sexualidade infantil perversa e polimorfa em 1905, Freud oferece a todos uma via de identificação com a temática da perversão, já que ela marca o desenvolvimento psíquico humano normal.

As relações de objeto primárias e seus efeitos traumáticos

Ao classificar a perversão como um dos arranjos possíveis para a manifestação das patologias narcísicas, o autor a define como uma organização defensiva decorrente dos efeitos de um traumatismo primário, de uma clivagem que ameaça o psiquismo do sujeito impondo-lhe um funcionamento calcado na repetição. A ocorrência desse trauma desencadeia vivências distintas daquelas que conhecemos através do modelo da neurose. Sabemos que, na neurose, uma representação ou satisfação pulsional pode entrar em conflito com as exigências superegoicas e com a realidade externa, sendo, portanto, recalcada tão logo adquira ressonâncias de outras experiências arcaicas e igualmente não integradas no ego. São desejos que ameaçam a unidade do eu através das angústias castradoras. Já nas patologias narcísicas, certas partes da vida psíquica não podem ser recalcadas porque não foram representadas, ainda que esses conteúdos sejam inconscientes. Tais experiências são o que Roussillon chama de sofrimentos identitários-narcísicos, que indicam mais uma "falta a ser" do que a "falta no ser" ilustrativa da problemática neurótica (Roussillon, 1999). Nesse tipo de psiquismo, impera uma relação transferencial de *reversão*, isto é, o sujeito faz com que o outro sinta aquilo que ele não pode sentir, que sofra o que ele não pode sofrer por não ter sido introjetado e representado em seu aparelho psíquico. O traumatismo do qual tratamos aqui afeta os processos de simbolização primária, levando ao estabelecimento de uma relação transferencial paradoxal que difere da representação fantasmática presente na transferência neurótica, de modo que percepção e sensação — assim como realidade e objetividade — se impõem sobre o deslizamento significante e a fantasia.

Em 1920, Freud propõe uma teoria do traumatismo fundada na ideia de efração do mecanismo de paraexcitação por uma grande quantidade de excitação. Winnicott acrescenta a ideia de uma experiência subjetiva em três tempos, X + Y + Z, que progressivamente se torna traumática em função dos perigos que representam as respostas ou a ausência de respostas do meio. Tais esboços, desde que sejam contextualizados e dialetizados aos movimentos complementares dos objetos, fornecem uma base para pensar a noção de traumatismo primário em seu desenvolvimento e suas diferentes particularidades.[12] (Roussillon, 1999, p. 17) [tradução nossa][13]

Para descrever esse trauma primário, passaremos rapidamente pelos três tempos propostos por Winnicott, citados por Roussillon.

No primeiro tempo, ou tempo X, o aparelho é invadido por um afluxo de energia que ameaça causar sua ruína, seja pela imaturidade do psiquismo ou pela intensidade das mensagens. Diante desse perigo, o psiquismo tenta ligar ou descarregar tal excitação, o que pode ser feito através da satisfação alucinatória do desejo, do autoerotismo ou da destrutividade. Entretanto, tais defesas fracassam, e as capacidades de ligação da energia desse aparelho mental se esgotam.

No segundo tempo (X + Y), o esgotamento dos recursos internos do sujeito gera um estado de agonia no qual a tensão e o desprazer são intensos, e não possuem representação. Se o sujeito traz consigo traços mnésicos de satisfação em relação ao objeto, certa esperança de ser acolhido e apaziguado por tal objeto pode surgir. Caso isso realmente ocorra, ou seja, se o objeto responde satisfazendo o sujeito a tempo, sua resposta estabelecerá um *contrato narcísico*, permitindo que o objeto seja amado quando presente e odiado quando ausente. A ambivalência abre as possibilidades de simbolização, de triangulação e de reconhecimento da falta do outro. Mas se o objeto não se apresenta, não responde, ou responde de modo muito insatisfatório às suas necessidades, esse estado se degenera sob efeito da raiva que mobiliza o sujeito, e passa-se então ao tempo três (X + Y + Z).

Nesse estágio, a falta do objeto gera o traumatismo primário por excelência, algo que podemos descrever como um estado de agonia e terror sem nome. Tais experiências não são representáveis nem mediadas por recursos internos ou externos. Para lidar com essa con-

---

12 "En 1920, Freud propose une théorie du traumatisme issue de l'effraction du pare-excitation par de trop grande quantité d'excitation. Winnicott ajoute l'idée d'une expérience subjective en trois temps X + Y + Z, qui ne devient que progressivement traumatique en fonction des aléas des réponses ou de l'absence de réponses de l'environnement. De telles ébauches, pour autant qu'elles soient contextualisées et dialectisées aux mouvements complémentaires des objets, fournissent une base pour penser la notion de traumatisme primaire dans son développement et ses différents particularités."
13 Esta e as demais citações do autor são traduções nossas.

dição, o sujeito *se retira* da experiência traumática primária, cindindo sua subjetividade, descentrando-se de si mesmo. Esse mecanismo divide os seus aspectos internos em uma parte representada e uma parte não representável. Pode-se dizer que é mais uma clivagem *no* eu do que uma clivagem *do* eu (Roussillon, 1999). Em outras palavras, ao contrário do que se passa na neurose — caracterizada pela divisão do sujeito em relação a seus conteúdos inconscientes —, o trauma primário evoca uma cisão no ego, uma desestruturação do psiquismo específica das afecções narcísicas.

A premissa de um traumatismo que ocorre em etapas coloca em evidência a importância do objeto primário na constituição do sujeito e, consequentemente, na formação de suas graves afecções psíquicas. Para Winnicott (1975b), a mãe funciona como um espelho que reflete os estados internos do bebê: para perceber as sensações internas, a criança precisa que o objeto lhe reflita tais conteúdos, já que não consegue se apropriar deles imediatamente.

> Esta reflexividade primária passa por uma série de comunicações, na maioria das vezes não verbais, inconscientes e não "deliberadas", que visam "conceder" ou "ajustar", de maneira transmodal, as mímicas, os gestos e as posturas, e com eles as sensações e os estados afetivos recíprocos dos dois parceiros do "balé" da relação primária. Tais concessões e ajustamentos tornam possível uma empatia ou um "compartilhamento" dos estados afetivos. É, antes de tudo, a mãe que deve "empatizar" e compartilhar os estados psíquicos do bebê, este só adquire mais tarde tal capacidade, mas de imediato tem uma participação ativa no estabelecimento da relação primária, graças às suas capacidades inatas de imitação, de reconhecimento e utilização dos ritmos, e suas capacidades de "partilha estética". (Roussillon, 2004, p. 147)[14]

Tal comunicação, portanto, não é simétrica. Fazendo ecoar os

---

14 *"Cette réflexivité primaire passe par toute une série de communications, la plupart du temps non verbales, inconscientes et non 'délibérées', qui visent à 'accorder' ou à 'ajuster' de manière transmodale les mimiques, les gestes et les postures, et avec eux les sensations et états affectifs réciproques des deux 'partenaires' du 'ballet' de la relation première. Ces accordages et ajustements rendent possible une empathie, voire un 'partage' des états affectifs. C'est d'abord la mère qui peut et doit 'empathiser' et partager les états psychiques*

estados internos do bebê, a mãe também introduz modificações, não se restringindo a imitar esses comportamentos. Ela influencia as respostas emocionais da criança, regulando e desregulando esse reflexo, que apresenta através de seus acentos e das sutis mostras de seus próprios sentimentos quanto às sensações do filho. Desse modo, mesmo agindo como um duplo do bebê, a mãe consegue tornar nítida a diferenciação entre si mesma e o infante, de forma que ele possa se refletir no outro, mas sem se confundir com ele. Percebemos então que

> Esta partilha recíproca, mas assimétrica, dos estados emocionais, é o que confere o "prazer" na relação. É o movimento, seu ajustamento, sua concessão e o balé que ela rege que provoca o afeto de prazer e será particularmente investido. Se a satisfação das necessidades de autoconservação é um componente do prazer primitivo, como os psicanalistas sustentam classicamente, isto não pode ser dissociado da maneira pela qual estas necessidades são satisfeitas, do tipo de trocas relacionais estéticas e afetivas que as acompanham. Winnicott sublinha como o bebê "nutre" simbolicamente sua mãe, ao mesmo tempo em que ela o "nutre". (Roussillon, 2004, pp. 147-148)[15]

Sendo assim, pensar em autoinvestimento primário, no modelo freudiano de autoerotismo presente nos *Três Ensaios*, requer que desconsideremos todos esses processos de mediação protagonizados pelo outro, reverberando os conteúdos da criança. O investimento do sujeito em seu próprio ego não é imediato — mesmo as sensações corporais e os afetos primários precisam ser identificados e organizados,

---

du bébé, le bébé n'acquiert que plus tard cette capacité, mais d'emblée il prend une part active à la mise en place du rapport premier grâce à ses capacités innées d'imitation, de reconnaissance et d'utilisation des rythmes, ses capacités de 'partage esthétique'".
15 *"(...) ce partage réciproque mais asymétrique des états émotionnels, est ce qui procure le 'plaisir' dans la relation. C'est le mouvement, sont ajustement, son accordage et le 'ballet' qu'il règle ainsi, qui provoque l'affect de plaisir et va être particulièrement investi. Si la satisfaction des besoins liés à l'auto-conservation est bien une composante du plaisir primitive, comme les psychanalystes le soulignent classiquement, celle-ci ne peut être dissociée de la manière dont ces besoins sont satisfaits, du type d'échanges relationnels esthétiques et affectifs qui les accompagnent. Winnicott souligne combien le bébé 'nourrit' symboliquement sa mère en même temps qu'elle le 'nourrit'".*

tarefa realizada pelo objeto. Não há autoerotismo sem objeto.

Tendo em vista essas questões, Roussillon afirma que as falhas da organização narcísica primária (entendida da maneira que aqui descrevemos, e não conforme Freud a propõe[16]) podem preparar o terreno para a perversão, na medida em que fragilizam a construção da identidade. Se for esse o caso, devemos pesquisar as relações primárias dessa dupla sujeito-objeto e os pontos que as tornaram insuficientes — fosse pela inaptidão do objeto em representar o sujeito, ajustando-se afetivamente às suas necessidades, ou, pelo contrário, por não poder desempenhar o papel de outro, efetuando o descolamento entre objeto e representação.

A partir daí, fica clara a necessidade de ultrapassar a análise edipiana e seus percalços na história do sujeito, e admitir que as relações narcísicas primárias possam ser as fontes primeiras da perversão. Esta não deve ser considerada apenas a identidade sexual daquele que a exerce: ela é, também, sua identidade narcísica.

Segundo o autor, certas relações masoquistas, abusivas e incestuosas ilustram a busca do sujeito para manter uma ligação com um objeto que realize, mesmo que minimamente, o trabalho de mediação de seus conteúdos psíquicos. Esses modos de vivenciar a sexualidade são, antes de tudo, defesas erigidas frente à angústia que penetra o sujeito. O mal-estar decorre, principalmente, do sentimento de ina-

---

16 Vistas as diversas acepções que o termo ganha na obra freudiana, referimo-nos especificamente à noção de narcisismo primário presente no artigo "Sobre o narcisismo: uma introdução" (1914/1996) como um momento em que a criança toma a si mesma como objeto de amor, antes mesmo de investir objetos externos. Designando um estado em que não existe ainda diferenciação entre sujeito e mundo exterior, esta ideia, como reforçam Laplache e Pontalis, "perde de vista a referência a uma imagem de si mesmo, a uma relação especular, que o termo narcisismo supõe em sua etimologia" (2001/1967). Essa abordagem do estado narcísico parece empobrecer a discussão acerca das origens do psiquismo, já que negligencia a participação do meio ambiente neste processo. Concordamos com os autores quando propõem que "designemos pelo termo narcisismo primário uma fase precoce ou momentos básicos, que se caracterizam pelo aparecimento simultâneo de um primeiro esboço do ego e pelo seu investimento pela libido, o que não implica que este primeiro narcisismo seja o primeiro estado do ser humano, nem que, do ponto de vista econômico, esta predominância do amor de si mesmo exclua qualquer investimento objetal" (Laplanche & Pontalis, 2001/1967).

dequação, de inadaptação, de irrealidade[17] que atinge a subjetividade desses pacientes, que evitam a qualquer custo o retorno dessa experiência traumática com o objeto primário. Sendo assim, mantêm ligações objetais que possibilitam, em certa medida, o contrato narcísico não estabelecido anteriormente, promovendo alguma simbolização dos elementos primitivos. No entanto, o sujeito se encontrará sempre à mercê da presença real desse outro externo.

Outro tipo de defesa utilizado nesses casos é o que Roussillon chama de "neutralização energética", ou seja, uma tentativa de evitar o retorno do material clivado a partir da restrição a toda e qualquer relação objetal que possa reativar a zona traumática primária. Dessa maneira, a neutralização pode aparecer no empreendimento de uma relação fetichista com determinado objeto, petrificando-o dentro de certos limites, impedindo assim o transbordamento afetivo. A neutralização também pode agir no psiquismo do sujeito, rebaixando o nível de afetividade como um todo.

É importante dizer que esses conteúdos sofrem um processo de ligação não simbólica, ou seja, mais próximo de um simples registro histórico. Roussillon assinala que eles podem ser submetidos a tentativas de integração ao aparelho psíquico através da excitação

_____

17 Podemos relacionar estas sensações ao que Winnicott (1960/1983b) propõe como o conceito de falso-self. Através dele, o autor deseja marcar a diferença em relação a um verdadeiro self. Segundo Winnicott, em alguma medida, ambos estariam presentes em cada um de nós. "Cada pessoa tem um self educado ou socializado, e também um self pessoal privado, que só aparece na intimidade" (Winnicott, 1964/1999, pp. 54-55). Winnicott faz referência à distinção freudiana do ego, entre uma parte centrada e controlada pelas pulsões, e outra orientada para o exterior. Em outras palavras, estamos falando da divisão entre conteúdos internos e aquilo que se espera do sujeito no mundo externo, entre o gesto espontâneo e uma conduta de submissão carregada do sentimento de irrealidade. Já nos casos patológicos, na origem do falso self encontra-se uma falha do objeto materno em alimentar a onipotência do bebê, que renuncia a essa onipotência e, consequentemente, à expressão de qualquer gesto espontâneo, já que isso depende da confirmação materna, da capacidade desse objeto de adaptar-se às necessidades do lactente. Esses fatores obstruem o caminho para a simbolização e a criatividade, substituídas pela submissão do infante às condutas esperadas no contexto social. Desse modo, o falso self seria uma construção defensiva do sujeito, com a função de esconder o self verdadeiro. O aspecto da submissão pode ser considerado o ponto principal desse conceito winnicottiano, seguido pela imitação.

sexual, como é o caso do masoquismo:

> Magicamente, o eu ou o sujeito "deseja", ou finge desejar, o que não pode evitar ou parar. A posição masoquista não pode ser compreendida senão em relação à problemática do controle, por suas questões, antes de tudo, narcísicas. Aqui, a sobrevivência narcísica é obtida às custas de uma interferência no registro do prazer e do desprazer: a clivagem é desconstruída e mantida, em certo sentido, por esse procedimento, graças à confusão e à inversão do "bom" e do "mau". O sujeito prefere se sentir culpado, e então responsável, ativo, controlador, do que reencontrar a impotência e o desespero da vivência angustiante. (Roussillon, 1999, p. 28)[18]

Algumas fantasias que se encontram presentes nas afecções narcísicas (e, portanto, podem compor algumas perversões) — como fantasias de retorno ao passado, de controle e/ ou paralisação do tempo e do espaço — podem ser relacionadas à tentativa de se anular os efeitos desorganizadores do trauma primário. Se é verdade que tais conteúdos são comuns a todos nós, visto que a ideia de regressão permeia a teoria psicanalítica e sua concepção de trauma e de *a posteriori*, atentemos para o fato de que "matar o pai, ser seu próprio pai, controlar o tempo, anulá-lo, nele retornar, são todos significados latentes do fantasma regressivo" (Roussillon, 1999, p. 40. [tradução nossa][19]), e que este autoengendramento representa uma recusa da dependência do outro, escondendo as feridas resultantes dessas relações.

Além de Roussillon, vários outros autores que se dedicam ao campo das perversões teorizaram acerca desse tipo de fantasia defensiva. Comecemos pela associação que pode ser feita entre esses conteúdos e a pulsão de morte, conceito importantíssimo na obra de Freud

---

18 "*Magiquement le moi ou le sujet 'désire' ou feint de désirer ce qu'il est impuissant à éviter ou à juguler. La position masochique ne se comprend bien que par rapport à la problematique de la maîtrise, que par rapport à son enjeu d'abord et avant tout narcissique. Ici la sauvegard narcissique est obtenue à l'aide d'un brouillage du registre du plaisir et certaine manière par cette procédure, grace à la confusion et à l'inversion du 'bon' et du 'mauvais'. Le sujet préfère se sentir coupable, mais donc 'responsable' et actif, maître, que retrouver l'impuissance et la détresse du vécu agonistique.*"

19 "*Tuer le père, être son propre père, commander au temps, l'annuler, le retourner, être soi-père, telles seraient les significations latentes du fantasme régressif.*"

(1920/1996g), atribuído à busca pelo estado inorgânico, inanimado. Na interpretação de Roussillon, esse recurso ao biológico é uma saída radical, e seria mais pertinente entender a pulsão de morte como uma regressão defensiva. Desse ponto de vista, voltar a um momento ou condição anterior pode ser visto como uma proteção contra a intensa angústia experimentada nessa situação, como se, tornando ativo esse movimento, o sujeito se libertasse um pouco da posição extremamente passiva e desamparada de outrora.

Winnicott (1945, citado por Roussillon, 1999, p. 57) pensa que é no início da vida, nos processos de integração, que o bebê adquire o sentido de tempo, de anterioridade e posterioridade. Isso permitirá que ele consiga dominar, mesmo que fragilmente, sua ansiedade. Mas, para esse autor, antes que o sujeito desenvolva seu próprio senso de temporalidade é a mãe que deve ser responsável pela "marcha do tempo", funcionando como ego auxiliar.

A prevalência da discussão sobre o papel da figura materna nesses contornos corporais, bem como na incidência do sexual fragmentador no psiquismo da criança — o que pode acarretar vivências compulsórias dos eventos traumáticos —, permite-nos perceber que a estagnação do sujeito numa determinada etapa do desenvolvimento pulsional tem o importante papel de refrear os danos sofridos em seu aparelho psíquico, bem como representa uma tentativa de simbolizar esses conteúdos.

Lanteri-Laura (1979) também atribui à perversão um mecanismo de recusa do tempo e da morte, que se apresenta através de uma fixação na sexualidade pré-genital. Dessa maneira, o perverso desconsidera a hierarquia dos estágios libidinais, fixando-se num determinado momento da pré-genitalidade e efetuando esse anacronismo, essa suspensão da continuidade.

Chasseguet-Smirgel (1991) é outra autora que observa a existência de fantasias de retorno ou de paralisação temporal. Ela trabalha essa questão pensando na encarnação da recusa da evolução libidinal, tanto no sujeito quanto no objeto. Observemos que exemplos disso podem facilmente ser encontrados na literatura, como no famoso romance *O retrato de Dorian Gray* (1891), de Oscar Wilde, que retrata o desejo de manter-se jovem para sempre, ou no polêmico *Lolita* (1955), de Nabokov, onde vemos a preferência por parceiros cujas marcas da passagem do tempo estão ausentes. A recusa da diferença geracional e o entrincheiramento das pulsões no cenário incestuoso mostram como as atuações desviantes encenam a impossibilidade do sujeito de renunciar ao objeto primário. Além da problemática edipiana, o que aqui se coloca em primeiro plano são os comportamentos que compõem um contrainvestimento ao retorno das relações arcaicas e traumáticas com o objeto. Atentemos para este paradoxo: a encarnação da recusa da passagem do tempo se dá lado a lado com esses contrainvestimentos.

Baseando-se nas reflexões de Chasseguet-Smirgel, Flávio Carvalho Ferraz faz uma instigante análise da questão da recusa da temporalidade em seu livro *Tempo e Ato na Perversão* (2005). Sua tese é de que a recusa, mecanismo característico do funcionamento perverso, recai sobre a temporalidade, condição necessária para o estabelecimento do pensamento encadeado e das noções de separação, movimento e processualidade. O autor notou os primeiros indícios desse fato no comportamento de alguns pacientes cuja sexualidade poderia ser chamada de perversa — negar frequentemente quaisquer sinais de falibilidade do corpo. Como se não pudessem perceber os próprios limites físicos, esses sujeitos sinalizavam para outra questão da qual desejavam escapar: os indícios da castração e dos golpes narcísicos que ela acarreta. Desse modo, assim como recusam as denúncias corporais de falência (doença, cansaço, dor, envelhecimento, perda da beleza, morte), recusam igualmente o tempo, exatamente por indicar que todos esses fatores estão por vir.

Portanto, podemos concluir que o que se repete é o encontro com o objeto primário, seja ele satisfatório ou não, o que contradiz a teoria freudiana de alucinação da experiência de satisfação do desejo presente no texto "Formulações sobre os dois princípios do funcionamento mental" (1911). Se é somente sobre a experiência prazerosa que a repetição incide, como explicar as patologias que levaram Freud a teorizar sobre o que está "Além do princípio do prazer"? Pois o que se encontra nesse artigo é a ideia de que as vivências desprazerosas também exercem pressão de repetição, embora essa repetição ocorra além das regras que até então norteavam a teoria psicanalítica. Pensamos então, com Roussillon, que o meio ambiente pode ser desorganizador e traumático, e ainda sim o sujeito, como estratégia de defesa, lançará mão do retorno "alucinatório"[20] a essa situação que provoca intensa angústia.

Até aqui, percebemos que as hipóteses do autor acerca das raízes narcísicas das manifestações perversas nos direcionam a questionamentos a respeito das formas e condições de integração da sexualidade no ego. Lembremos que, de acordo com Laplanche (1967/2008a), a pulsão se manifesta no momento da retomada autoerótica de uma experiência herdeira da autoconservação, ou seja, na ausência do objeto que forneceu os cuidados primários e para fazer frente à insatisfação decorrente dessa falta. Roussillon, entretanto, ressalta que a pulsão se *manifesta* no momento das primeiras diferenciações entre a mãe o bebê, entre sujeito e objeto, mas não é isso que *produz* o erotismo. Tal distinção apenas torna mais perceptível essa presença, que já permeava os cuidados básicos com a criança. Tendo em vista o papel de ligação exercido pelo erotismo, chega-se à conclusão de que não é a excitação propriamente dita que causa danos ao aparelho psíquico, mas sim o fracasso de sua regulação, de sua introjeção.

Se de um lado o sexual ameaça a organização narcísica do eu, como os psicanalistas modernos desejam ressaltar, de outro, quando ele é domado pelo eu, é indispensável à sua organização, mantendo

---

20 Quando fala sobre o "retorno alucinatório" a essa época em que o trauma se consolidou, Roussillon se refere a um conjunto de comportamentos e vivências que se assemelham às experiências anteriores, e não exatamente a uma formação delirante, no sentido de uma psicose. Ou seja, o que ele enfatiza é a percepção deformada da realidade. Embora o autor não demonstre a preocupação de traçar uma fronteira nítida entre estes dois casos (o retorno alucinatório ao qual nos referimos e a alucinação no sentido estrito), chegando a afirmar que tais déficits narcísicos podem estar presentes até mesmo na neurose, poderíamos nos arriscar a propor alguma distinção entre a psicose e a perversão partindo do traumatismo primário e levando em conta a atuação do objeto sobre a estruturação do sujeito. Podemos deduzir, tendo em vista as concepções de Roussillon, que na perversão o vínculo com o objeto, ou o contato paradoxal com ele, encontra neste um espaço para dramatizar os conteúdos que não puderam ser tratados em seu psiquismo, fornecendo ao sujeito uma precária saída representacional, que, embora ameaçada pelo retorno do material clivado, protege-o da desorganização psicótica, do terror sem nome, não simbolizável.

sua coesão, e esta suporta então os investimentos e ligações. (...) Se o autoerotismo se manifesta na ocasião da separação, é porque nesse momento se coloca o problema de uma diferenciação entre a percepção e a representação de objeto. (...) É porque na ocasião da separação [entre sujeito e objeto primário] a diferenciação da percepção e da representação vai tornar possível e necessária uma *introjeção* da representação de objeto e de um investimento pulsional específico desta. (Roussillon, 2004, pp. 130-131)[21]

A diferenciação entre sujeito e objeto proporciona uma distinção entre percepção do objeto e sua representação, não necessária até então. Esta representação ecoa na simbolização desse objeto e na introjeção dele, fazendo com que o sujeito possa evocá-lo a partir do pensamento, do sonho, da fantasia, não apenas na realidade. Tais recursos são fundamentais para a constituição do psiquismo, e seu fracasso deixa fissuras consideráveis no funcionamento mental do sujeito. Para Roussillon, essas questões são de fundamental importância para a investigação da temática da perversão, pois conectam a teoria do eu e do narcisismo à sexualidade infantil perversa e polimorfa. As pulsões parciais podem, então, ser relacionadas ao papel da introjeção.

Seguindo essa linha argumentativa, o autor questiona também se o aspecto parcial da pulsão deve ser reportado a ela mesma ou ao seu manejo por parte do eu. Se, por um lado, a parcialidade aparece na obra freudiana caracterizando certas pulsões, como as pré-genitais, por outro existe também em sua teorização certa tendência à sua unificação. A parcialização pulsional deveria, então, ser creditada a um trabalho do ego.

Vejamos de que forma Roussillon propõe que isso ocorra: sa-

---

21 *"Si d'un côté, le sexuel menace l'organisation narcissique du moi, comme les psychanalistes modernes le soulignent a l'envie de l'autre, quand il est 'dompté' par le moi, il est indispensable à son organisation et au maintien de sa cohésion, celle-ci supposant investissement et liaison (...) Si l'auto-erotisme se manifeste à l'occasion de la séparation, c'est bien parce que c'est à c'est moment-là que se pose le problème d'une différenciation entre la perception et la représentation de l'objet. (...) C'est bien parce que, à l'occasion de la séparation, la différenciation de la perception et de la représentation va rendre possible et nécessaire une 'introjection' de la représentation de l'objet et d'un investissement pulsionnel spécifique de celle-ci."*

bemos que em "Luto e Melancolia" (1917/1996e) Freud afirma que tanto a introjeção quanto o luto em relação à perda do objeto se efetuam de fragmento em fragmento. Logo, isso supõe certa parcialização da experiência, dos investimentos pulsionais no outro, para que, posteriormente (narcisismo secundário[22]), tais conteúdos possam ser reintegrados no ego. Portanto, se a introjeção da excitação vinda do objeto requer um processo de fragmentação, de recalcamento, o traço de parcialidade conserva íntima relação com as atividades do ego, o que nos leva a rever, também, a premissa segundo a qual a perversão expressa uma sexualidade fragmentada.

> Devemos falar de "pulsões parciais" ou de um modo de organização infantil que "parcializa" a vida pulsional para integrá-la, parte por parte, antes de reorganizá-la sob o primado da organização fálico-narcísica? (...) podemos encarar as pulsões e suas finalidades sem dialetizá-las com o sentido e forma tomada no e pelo trabalho de introjeção? (Roussillon, 2004, p. 127)[23]

Dito de forma ainda mais clara, o que Roussillon parece questionar é se as pulsões, tais como as definimos e identificamos nos comportamentos perversos, devem ser remetidas diretamente a uma expressão, um traço inconsciente, ou se estão altamente marcadas por um tratamento, um trabalho egoico. Este é um ponto crucial em nossas investigações, pois incide justamente sobre a capacidade ou a impossibilidade dessa instância em manejar a excitação que inevita-

---

22 Encontramos em Laplanche e Pontalis (2001/1967) a seguinte definição de narcisismo secundário: "designa um retorno ao ego da libido retirada dos seus investimentos objetais. (...) Para Freud, o narcisismo secundário não designa apenas certos estados extremos de regressão; é também uma estrutura permanente do sujeito: a) no plano econômico, os investimentos de objeto não suprimem os investimentos do ego, antes existe um verdadeiro equilíbrio energético entre estas duas espécies de investimento; b) no plano tópico, o ideal do ego representa uma formação narcísica que nunca é abandonada" (Laplanche & Pontalis, 2001/1967).

23 *"Autrement dit, a-t-on affaire à des 'pulsions partielles' ou à un mode d'organisation infantile qui 'partialise' la vie pulsionnelle pour l'intégrer, 'partie par partie', avant de la réorganiser sous le primat de l'organisation phallique-narcissique? (...) peut-on envisager la pulsion et ses finalités sans dialectiser celles-ci avec le sens et la forme prise dans et par le travail d'introjection?"*

velmente a atravessa.

Sadismo e masoquismo na concepção de Roussillon

No entrecruzamento dessas funções do ego e as pulsões, somos levados de volta à análise do masoquismo, a primeira questão sobre a qual Freud se debruçou ao tentar compreender as bases do funcionamento perverso e do mecanismo de clivagem do eu.

Segundo Roussillon, o masoquismo — como modo de atuação sexual — pode ser considerado um modelo da distância existente entre sujeito e objeto nas relações primárias desses casos específicos. Na cena masoquista, a indiferença do sádico ao sofrimento daquele a quem castiga, sua frieza e desafetação são resquícios das figuras que povoaram a história do sujeito, objetos que frequentemente se tornavam, além de apáticos, violentos e cruéis.

A partir daí, a principal questão do masoquismo é a necessidade de um processo que reverta o desprazer provocado pelo aumento de tensão,[24] transformando-o em uma sensação prazerosa. Desse modo, é possível considerar o masoquismo um *guardião da vida psíquica*,[25] visto que a tolerância egoica às excitações que penetram o aparelho mental é extremamente importante na sua constituição.

O masoquismo também pode ser relacionado ao desejo de punição e à severidade do supereu. O autor nos lembra da ligação deste

---

24 O autor segue aqui o raciocínio quantitativo freudiano, segundo o qual o crescimento da tensão no aparelho psíquico gera desprazer, e a sua diminuição produz apaziguamento e sensação prazerosa.

25 Benno Rosenberg (2003) aprofunda o debate sobre essa noção em seu livro *Masoquismo mortífero, masoquismo guardião da vida*, São Paulo: Escuta. O autor tenta destacar que é o núcleo masoquista do eu, formado nos movimentos de constituição do psiquismo a partir da intrusão do objeto, que possibilita o investimento libidinal da excitação, pois, caso contrário, ela seria sentida como um desprazer insuportável. É preciso, portanto, uma dose de masoquismo para experimentar as situações excitantes como agradáveis, o que reverte todo o raciocínio segundo o qual a descarga da tensão é que gera prazer ao aparelho psíquico.

com o Id, de acordo com a sistematização das tópicas psíquicas proposta por Freud (1923/1996i) em *O ego e o Id*. Essa conexão é o motivo pelo qual o superego conserva sua faceta perversa, indo muito além da função de representar a interdição e a lei. Na lógica de seu funcionamento, tanto a fantasia quanto o ato — o que culpa e angustia o sujeito, condenado antes mesmo da realização de tais desejos — devem ser punidos da mesma forma. É o que encontramos na definição das atividades superegoicas no texto citado. O superego cruel não deve, então, ser reportado apenas à resolução dos conflitos edipianos,[26] mas também às suas origens na sexualidade infantil perversa e polimorfa. Isso significa que os primeiros objetos de investimento amoroso e as relações com eles empreendidas serão interiorizados, sofrendo todas as vicissitudes pulsionais, o que os torna, muitas vezes, mais cruéis do que as figuras reais que deram origem a tais representações, conforme Freud (1921) nos traz em *Psicologia das massas e análise do ego*. Entretanto, além de remeter a dimensão pulsional do superego às suas estreitas ligações com o inconsciente, Roussillon salienta também o papel do outro na construção da instância superegoica, principalmente dos seus aspectos inconscientes, não se restringindo aos esforços pedagógicos do adulto para transmitir regras e leis que serão cristalizadas nesse estrato psíquico. "A hostilidade do supereu não é herdeira apenas do Id do sujeito, ela também é diretamente herdeira daquele [Id] dos objetos significantes de sua história", afirma Roussillon. Nesse contexto, portanto, o masoquismo pode ser atribuído ao superego cruel, originário tanto do inconsciente do sujeito quanto do incons-

---

26 Conforme Freud o concebe no artigo "Uma criança é espancada" (1919), que também versa sobre a questão do masoquismo. Neste trabalho, o autor nos apresenta uma fantasia masoquista, relatada por alguns de seus pacientes: a cena em que uma criança é açoitada por um adulto. Em sua interpretação, Freud relaciona esta fantasia à problemática edipiana e aos conteúdos sexuais recalcados. Assim, a rivalidade fraterna decorrente dos investimentos libidinais nos genitores encontraria na cena do espancamento uma representação adequada: "O meu pai não ama essa criança, ama apenas a mim" (Freud, 1919, p. 202). Essa fantasia, no entanto, será recalcada quando os intuitos da criança de obter a dedicação exclusiva do adulto forem frustrados. Sendo assim, o sentimento de culpa correspondente à retirada desse impulso incestuoso da consciência transformará a fantasia: agora, não mais a criança rival é espancada, mas sim ela própria, a que imagina a cena.

ciente dos objetos investidos por ele, muito anterior, portanto, àquele superego que se cristaliza a partir do desfecho das questões edipianas e da introjeção da lei e das normas culturais.

Roussillon sustenta que não reportar aos objetos aquilo que lhes cabe, na construção de um psiquismo cujo funcionamento é severo, seria cair no mesmo engodo das patologias da perversão e do narcisismo. Nelas existe a tendência a apagar o outro, diminuir sua importância, reivindicando para si mesmo o que se deve à alteridade. O autoengendramento narcísico não pode contaminar a própria teorização desse fenômeno, negligenciando fatos históricos que influenciaram a formação e a regulação do ego do sujeito. Um exemplo de teorização que favorece o autoengendramento pode ser identificado na formulação da noção de masoquismo erógeno primário, apresentada no artigo "O problema econômico do masoquismo" (1924/1996j). Nesse texto, Freud parte de uma definição que pressupõe a capacidade do sujeito — que ainda se encontra em vias de constituição — para suportar um *quantum* de tensão no aparelho psíquico e de transformar essa tensão em sensações prazerosas, solução que abre mão do papel do objeto, privilegiando o solipsismo da criança — teorização que se assenta na recusa do outro e de seus cuidados primários. Poderíamos considerar o masoquismo originário e seus desenvolvimentos independentemente da presença ou ausência do objeto, de sua adequação ou inadequação?

Assim, Roussillon admite que o masoquismo seja considerado um contrainvestimento resultante da ameaça de um objeto primário indiferente e frio, que causaria a morte silenciosa do sujeito. A falta de investimento libidinal resulta em extrema angústia para a criança, fazendo com que posteriormente essa falha objetal seja encenada numa tentativa de modificar ligeiramente tal roteiro. O estabelecimento de relações sadomasoquistas propicia que então, dessa vez, o parceiro sexual responda pela via da efração, infligindo dor e sofrimento ao sujeito. E seria necessário lembrar que a dor causada por essa resposta, baseada na violência, é menos intensa do que os frutos da negligência e do descaso de um objeto que se mantém distante da criança? A cena sadomasoquista é montada para que essa invasão do corpo e do psiquismo do sujeito tenha um limite, seja contida. Assim, a necessidade e o desejo de que o sujeito seja destruído e, ao mesmo tempo, sobreviva aos ataques sofridos, são atualizados com o novo objeto escolhido.

Para o autor, é nesse contexto que a culpa e a violência também aparecem no quadro clínico dos sofrimentos narcísicos. Se a primeira nem sempre é reconhecida nas condutas daqueles que apresentam atuações perversas, a violência, por sua vez, é uma faceta sempre explorada e destacada nas diversas abordagens do tema. No entanto, essa ligação apressada pode resultar em uma interpretação que atribui esse aspecto somente aos movimentos pulsionais do sujeito, negligenciando a função desses comportamentos em seu psiquismo e sua dimensão defensiva, seu caráter de resposta ao traumatismo vivido. Corrobora-se o mito do monstro, a fantasia de que aquele sujeito é habitado por uma espécie de "demônio", justificando, assim, suas dificuldades e seu mal-estar.

Portanto, a ideia de culpa na perversão nos causa, *a priori*, certo estranhamento, já que é comum encontrarmos, tanto em teorizações psicológicas[27] quanto psicanalíticas,[28] a máxima de que o perverso não se angustia por seus atos, ainda que cause danos ao outro. Roussillon, entretanto, parece nos convidar a enxergar outro tipo de culpa e reconhecer suas consequências no comportamento do sujeito. O autor menciona que o sentimento de culpa na obra freudiana, a par-

---

27 Recordemos o livro de Ana Beatriz Silva (2008), *Mentes Perigosas - o psicopata mora ao lado*, Rio de Janeiro: Fontanar, que fez enorme sucesso no Brasil, influenciando, inclusive, a construção de personagens em algumas telenovelas de grande audiência da autora Glória Perez. A tese básica de Silva é a de que existem psicopatas "camuflados" entre nossos colegas de trabalho, familiares e amigos, que se aproveitam da compaixão que despertam nos outros com o intuito de lhes fazer mal. Os psicopatas não apresentariam nenhum arrependimento por seus atos, nem mesmo consciência moral a esse respeito, de maneira que qualquer tratamento dispensado a eles seria infrutífero. Isso justificaria a recomendação da autora de que estas pessoas sejam presas pelos crimes que cometem e fiquem encarceradas, se possível, para sempre, sendo-lhes negado qualquer benefício.

28 Diferentemente da tese anteriormente citada, Otto Kernberg (1995) parte desse pressuposto em *Agressão nos transtornos de Personalidades e nas Perversões*, Porto Alegre: Artes Médicas, uma obra instigante que investiga de maneira detalhada as nuances desta patologia, levando em consideração o histórico do sujeito e as consequências das experiências traumáticas por ele vividas.

tir de 1920, está ligado à ambivalência no conflito edipiano, no qual o amor e o ódio são experimentados em relação ao mesmo objeto. Ainda que parte do conflito seja recalcado, o sentimento de culpa é vivido conscientemente.

Já o sentimento inconsciente de culpa não pode ser experimentado diretamente; ele aparece na forma de comportamentos reacionais, que servem para contrainvestir conteúdos extremamente angustiantes e disruptivos que invadem o sujeito. Uma efração traumática do sistema paraexcitante produz uma experiência psíquica que não pode ser esquecida ou ligada, sendo então submetida ao automatismo da repetição, e assim reativada de maneira permanente. Face ao retorno ameaçador dessa experiência, e para evitar seu caráter invasivo, o psiquismo não tem outro recurso a não ser mobilizar seus contrainvestimentos para tentar localizar e circunscrever o atravessamento traumático. O aparelho psíquico busca ligar esses elementos, seja através da produção de coexcitação libidinal — a solução masoquista ou, mais comumente, a tentativa de sexualização do traumatismo —, seja tentando externalizar tal retorno alucinatório na e pela percepção, a fim de colocá-lo em uma experiência atual que represente algum potencial de simbolização. A experiência traumática do passado é, dessa maneira, transferida alucinatoriamente para uma atual, produzida pelo sujeito (Roussillon, 1999).

É a partir desse último recurso que, para o autor, a violência dos afetos que invadem o sujeito será rebatida pela violência que é voltada ao outro na atualidade. A efração do aparelho psíquico ocorre quando o objeto maternante enfrenta dificuldades para se adaptar às necessidades do bebê, tendo, para tanto, que ser despojado de sua própria alteridade para se deixar penetrar pelos conteúdos da criança. O fracasso dessa atividade implica o comprometimento da separação entre o sujeito e o outro, instalando no psiquismo incipiente uma clivagem e um mal-estar difuso, com o qual a criança se identifica. Podemos dizer, então, que esse núcleo de culpa primária não ambivalente repousa na confusão entre sujeito e objeto, indistinção que acarreta no aparelho psíquico infantil certo arrombamento, usado para escoar os materiais angustiantes da mãe e não o contrário.

Notemos que a violência e a culpa primária são modos de reação do sujeito ao traumatismo grave, não simbolizado, e que, paradoxalmente, essa estratégia é também uma procura por um outro que resista a essa relação de objeto intensa, repleta de sentimentos hostis e primitivos, sem a qual, porém, não é possível construir formas de lidar com a alteridade, reconhecendo e preservando seu caráter estrangeiro. De certa maneira, desde a leitura de "Luto e Melancolia" (1914) já sabemos que a perda do objeto é essencial para a constituição do ego do sujeito.

A descoberta da estrangeiridade do objeto depende então da sua capacidade de "sobreviver" à destrutividade do infante, e isso inclui não se afastar no plano relacional nem reagir com represálias às agressões do sujeito. Para Winnicott (1967/1999), é preciso que o objeto materno reconheça também o potencial criativo presente nos movimentos destrutivos do infante, assegurando-lhe que o contato entre eles é sólido, capaz de resistir às suas tentativas de exploração desse território — a maneira pela qual o objeto interpreta a destrutividade do sujeito aponta para o uso que ele pode fazer desse potencial posteriormente. Esta concepção winnicottiana é abordada por Roussillon ao trabalhar a questão da violência:

> O pior destino elaborativo da destrutividade é que ela seja interpretada como perfeitamente idêntica a isso que parece ser. Daí a importância, quando a ambivalência é organizável, de se reconhecer o movimento agressivo e violento em seu conflito com o movimento amoroso, pois, quando a destrutividade primária se exprime, é importante que seja sublinhada no que ela não é simplesmente idêntica a si mesma, quer dizer, o que ela possui de potencial criativo. O destino mais funesto do "mal" que a destrutividade e a violência drenam, é de ser interpretado como "mal absoluto". (Roussillon, 1999, p. 91)[29]

De acordo com esse ponto de vista, a violência e a destrutivi-

---

[29] "*Le pire pour le destin élaboratif de la destructivité est qu'elle soit interprété comme parfaitement identique à ce qu'elle se donne pour être. Autant il est important, quand l'ambivalence est organisable, que puisse être reconnu le mouvement amoureux, autant, quand la destructivité primaire s'exprime, l'important est que soit souligné en quoi elle n'est pas simplement identique à elle-même, c'est-à-dire en quoi elle possède une potentialité créative. Le destin le plus funeste du 'mal' que la destructivité et la violence draident*

dade se tornam vias percorridas com frequência no psiquismo humano, sempre que o reconhecimento da alteridade é prejudicado, que a identidade do sujeito se fecha sobre si mesma, que a diferenciação e os movimentos de descoberta do outro são paralisados e que o componente agressivo do amor e do investimento libidinal do bebê não pode ser conduzido para saídas construtivas. Se tais modos de simbolização enfrentam problemas logo nos tempos de constituição do aparelho mental, essas condutas podem se repetir compulsivamente ao longo da vida, solidificando-se no que chamamos de comportamento sádico.

Até o momento, notamos que a abordagem do autor acerca das patologias narcísicas e as consequentes atuações perversas destaca a influência do objeto e as relações que estabelece com o infante na eclosão desses traumatismos. Embora se apoie fortemente nas teorizações de Winnicott acerca da importância desses primeiros contatos com um adulto cuidador, Roussillon se afasta um pouco do autor britânico quando afirma que esses laços veiculam a sexualidade do adulto no psiquismo da criança, fazendo com que mensagens inconscientes transitem entre os dois corpos, instaurando um *outro* em cada um deles. Na obra de Winnicott (1967/1991), a mãe falha quando não consegue identificar o potencial criativo presente nos impulsos instintuais do bebê. São, portanto, conteúdos internos ao psiquismo infantil, e a função do objeto maternante seria auxiliar a dar-lhes um destino. Roussillon, por sua vez, faz questão de chamar atenção para a sedução que existe nessa relação, seja na vertente sexual, narcísica, ou através de uma influência alienante, deixando sempre entrever o caráter externo da formação de uma patologia egoica. A sedução, portanto, não pode ser totalmente compreendida sem que seja confrontada com o narcisismo primário, com esse tempo no qual o eu e o objeto ainda não se diferenciaram.

"Ser seduzido é instaurar em si mesmo uma parte do outro, não reconhecida como tal, é instaurar uma alteridade dentro de si, desconhecendo seu caráter de estrangeiridade" (Roussillon, 1999, p. 109).[30] Isso implica em que pensemos na maneira pela qual o ego, em

---

est de n'être entendu et interprété que comme 'mal', 'mal absolu'."
30 *"Être séduit, c'est instaurer en soi une part de l'autre non reconnue comme telle, c'est instaurer une altérité à soi au sein du soi en méconnaissant son caractère d'étrangeté à*

seus próprios movimentos de formação, irá metabolizar a sedução originária, como poderá lidar com a parcela de intrusão do outro que o molda. E esse é também, em nossa opinião, o maior problema que enfrenta o sujeito sádico: encontrar uma forma de canalizar essa energia que o penetra a partir de sua relação com o objeto. Nos processos constitutivos, as fantasias de sedução vão encontrar representações principalmente no animismo fálico que ilustra a introdução do externo no psiquismo infantil. Já no sadismo propriamente dito, como perversão, a violência praticada com o parceiro pode servir para esses fins.

Na perspectiva de Roussillon, a pulsão sádica nada mais é que o vetor de externalização de um estado psíquico intolerável. Não se trata apenas de fazer mal ao outro, mas também de dar vazão a um sofrimento que o sujeito não pode suportar. Aqui tem um papel preponderante o mecanismo de identificação projetiva,[31] e a agressividade deve ser interpretada como condutora de uma mensagem. Nessa

---

soi."

31 A identificação projetiva é um conceito importantíssimo no escopo teórico kleiniano, configurando-se como a principal defesa do sujeito na fase esquizoparanoide. Em "Notas sobre alguns mecanismos esquizoides" (1946), Klein afirma que a primeira defesa do bebê contra a angústia é a expulsão violenta do sadismo para aliviar o ego e atacar os objetos persecutórios: "Esses excrementos e essas partes más do self são usados não apenas para danificar, mas também para controlar e tomar posse do objeto. Na medida em que a mãe passa a conter as partes más do self, ela não é sentida como um indivíduo separado, e sim como sendo o self mau. (...) Muito do ódio contra as partes do self é agora dirigido contra a mãe. Isso leva a uma forma particular de identificação que estabelece o protótipo de uma relação de objeto agressiva" (Klein, 1946: 27). Este processo de "usar o outro como depositário de sua vida pulsional" envolve grande quantidade de violência, e Sandler (1987) destaca ainda a função de controle que esse mecanismo exerce no objeto, pois assim o sujeito mantém a ilusão de que os elementos indesejados e projetados de seu ego também estão dominados. Cf. (Sandler, J. 1989) *Projeção, Identificação, Identificação Projetiva*. Porto Alegre: Artes Médicas. Cintra e Figueiredo (2004) lembram que existem vários tipos de identificação projetiva, afirmando que em alguns casos o objetivo deste mecanismo pode ser o de guardar em um objeto confiável as partes boas do ego que estão em perigo quando o sujeito é tomado pela destrutividade. Porém, percebe-se que quando abre mão de partes do seu ego por não suportar tais impulsos agressivos, o sujeito abre mão também de estar próximo do outro, de deixar-se contaminar por ele. Cf. Cintra, E. & Figueiredo, L.C., 2004, *Melanie Klein – estilo e pensamento*. São Paulo: Escuta.

lógica, a vítima é chamada a cuidar das feridas de seu carrasco, colocada na posição de suportar o que é repudiado na subjetividade deste. Submetendo o outro a algo que ele mesmo experimentou, o sujeito tenta partilhar uma experiência, mas o grau de subjetivação de seu sofrimento e dessas vivências dolorosas determinará se essa reprodução incidirá sobre o objeto de maneira mortífera — como nos crimes violentos, assassinatos etc. cuja agressividade extrema inviabiliza qualquer resposta do outro[32] — ou se deixará espaço para que ele apresente a aceitação desses movimentos destrutivos, elaborando-os e devolvendo esses conteúdos ao sujeito.

A objetificação do outro

Se, conforme concluímos acima, as raízes da culpa inconsciente e da agressão podem estar nos percalços enfrentados pela dupla infante-cuidador na diferenciação da subjetividade de cada um, isso nos leva, necessariamente, a aproximar a questão da compulsão por repetição aos movimentos de subjetivação/ dessubjetivação. Referimo-nos a esses aspectos "diabólicos"[33] da identidade que consistem na alienação do sujeito, na medida em que ele é invadido por conteúdos do meio externo. Roussillon reforça essa questão citando algumas observações de McDougall, que, assim como outros autores que estudam a perversão, percebeu a importância na cena perversa de um terceiro personagem, cujo papel é o de espectador. As teorizações clássicas[34] atribuem tal posição a um representante da figura paterna desafiada e vencida, desprovida dos atributos de regulação da lei.[35] Roussillon,

---

32 Falaremos mais sobre essa questão no capítulo seguinte, trabalhando a teorização de Gerard Bonnet sobre as perversões.

33 Termo usado por Roussillon, no sentido de uma possessão, de ter corpo e psiquismo habitados e manejados por uma força exterior.

34 Como a de Chasseguet-Smirguel, J. (1991) no livro *Ética e estética das perversões*. Porto Alegre: Artes Médicas, e Clavreul, J. (1990) em "O casal perverso", In: Clavreul, J. et al. *O desejo e a perversão*. Campinas: Papirus.

35 Cf. "Pai foveiro: o pacto perverso". In: França, C.P. (2005) *Perversão: variações clínicas em torno de uma nota só*. São Paulo: Casa do Psicólogo. O artigo de Cassandra

entretanto, nos apresenta outra hipótese: não seria esse espectador a representação de um território através do qual aquilo que é abolido, clivado no psiquismo perverso, vem à tona novamente? Essa figura poderia então ser interpretada como uma parte cindida do ego do próprio sujeito, projetada em um objeto exterior que experimenta as sensações e afetos provocados pela atuação perversa.

Por vivenciar determinados conteúdos emocionais como ameaça à sua integridade psíquica, o sujeito faz com que eles incidam sobre o outro, e a afetividade, afastada da encenação estereotipada do perverso, reaparece fora de seu psiquismo. Podemos ir ainda além das considerações de Roussillon questionando se esse observador não representaria o objeto da relação narcísica primária, que deveria devolver ao infante seus próprios conteúdos de forma mais organizada. Em outros termos, indo na direção oposta à interpretação clássica, o espectador não exerce justamente o trabalho de mediação afetiva que o objeto materno falhou em desempenhar?

Sobre essa questão, o autor cita Masud Khan, que aborda a necessidade de se projetar, de se misturar ao outro, através do que ele chama de *técnicas de intimidade* presentes na perversão. Para Khan (como citado em Roussillon, 2004, p 152), a pornografia pode ser considerada um exemplo dessas tentativas de aproximação do perverso com o objeto, demonstrando a precariedade afetiva nos momentos constitutivos da vida do sujeito. O comportamento sexual explícito, porém, produz uma intimidade que não supre a ausência desses laços tão importantes com o objeto. O recurso ao outro, como espectador que vivencia as sensações e sentimentos suprimidos no sujeito, adquire aqui uma intensidade ainda maior: não é mais um terceiro, mas o próprio parceiro que representa o objeto-continente — ele faz parte da cena.

Nesse sentido, a negação da diferença entre os sexos e as gerações na perversão é testemunha do esforço do sujeito em construir, na atualidade, o que não vivenciou de modo suficiente no passado, no período de formação de sua identidade. As fronteiras são anuladas pela própria defesa narcísica, que tende à negação da alteridade em bene-

França faz uma análise sobre a aliança entre o sujeito perverso e uma figura paterna impotente em suas funções de exercer a autoridade.

fício da afirmação do sujeito. É esse exercício de se confundir com o objeto fazendo-o desempenhar esse papel de duplo e, ao mesmo tempo, destruí-lo enquanto sujeito repleto de características próprias, que constitui o funcionamento perverso.

As suturas do fetichismo

Para Roussillon, a extrema passividade do infante diante do adulto pode também ser expressa através do fetichismo. Quando as funções reflexivas do objeto primário não são desempenhadas de maneira satisfatória na relação íntima e primária com o bebê, alguns conteúdos deste último não podem ser integrados em seu psiquismo, fazendo com que continue sendo necessária a presença desse duplo de si mesmo para sustentar suas atividades autoeróticas e narcísicas. O fetiche é introduzido na dinâmica psíquica para cumprir essa função especular.

No artigo em que trata especificamente do tema,[36] Freud atribui um caráter traumático à visão do órgão sexual feminino. A descoberta da diferença dos sexos poderia produzir um dilaceramento egoico, que o fetiche tenta reverter. A ausência do pênis na mãe suscitaria fantasias castradoras, que passariam a ser utilizadas pelo infante como representantes da feminilidade. Roussillon destaca, então, que a questão do fetichismo, muito mais do que a diferenciação dos sexos, traz à tona a confrontação do sujeito com o feminino, ou, mais especificamente, com o modo como a passividade é encarnada no sexo feminino através dos avatares culturais.

Segundo Roussillon, a visão do vazio do sexo feminino remete o sujeito ao vazio narcísico provocado pelas falhas maternas em refletir os estados internos do infante, logo no início da vida. A constituição deficitária do eu, cujas fragilidades dificultam a diferenciação entre interno e externo, entre sujeito e objeto, torna a percepção da diferença dos sexos — ou, poderíamos dizer, a constatação da ausên-

---

36 Freud, S. (1927/1996k) "Fetichismo". Edição Standard Brasileira das obras completas de Sigmund Freud, vol. 21. Rio de Janeiro: Imago.

cia de pênis na mulher — um verdadeiro golpe identitário, uma grave ferida egoica que é estancada através do fetiche.

Freud nos fornece duas reações da criança diante da constatação da castração da mulher, relacionando-a ao perigo da própria castração: 1) a renúncia à satisfação autoerótica, garantindo sua masculinidade (já que nesse texto Freud aborda apenas o desenvolvimento do menino); 2) a clivagem do eu em duas partes distintas, uma que aceita a ausência do falo materno e outra que rejeita esse fato, o que acarreta uma perda egoica. Roussillon, todavia, questiona o que levaria uma criança a recorrer a uma ou outra dessas saídas, ou seja, por que alguns meninos vivenciariam a castração materna como uma catástrofe psíquica, e outros conseguiriam elaborar esse fato. Para o autor, a descoberta da diferença anatômica não é dramática, a menos que uma experiência muito angustiante tenha se passado anteriormente, comprometendo a organização narcísica do sujeito, sendo sobreposta a ela mais tarde.

De acordo com o autor, a cena fetichista é extremamente especular, e, para que experimente um prazer sexual, é necessário que o investimento do sujeito seja refletido no objeto e que este lhe devolva sua imagem. É interessante a retomada que faz Roussillon do conhecido jogo de palavras que Freud utiliza para ilustrar a questão do fetichismo. Traduzido para o inglês — língua materna do paciente que relatava essa preferência nas mulheres —, "*Glanz auf der Nase*" aparece no texto freudiano como "*glance*", um vislumbre do nariz. Na interpretação de Freud, o nariz é tomado como substituto do pênis ausente na mãe. Roussillon, no entanto, nos faz perceber que é o olhar do sujeito que torna brilhante esse nariz. O "brilho dos olhos" daquele que investe amorosamente um objeto é refletido por um fragmento deste último, devolvendo ao sujeito o retrato do seu afeto, a natureza de seu investimento.

Deste modo, para Roussillon, o encontro com o sexo feminino e a feminilidade que ele metaforiza provocaria a angústia de estar num mundo irrepresentável, evocando fraturas narcísicas primárias que só seriam mais ou menos aplacadas com a entrada do pai nessa operação. Assim, amparando a identificação simbólica, o representante da figura paterna abre possibilidades para a atividade representativa e a diferenciação entre percepção e representação, tornando desnecessária a presença real do objeto primário ou de seu substituto.[37] Nesse sentido, o fetichismo é uma característica de todas as perversões, pois nelas o elemento perceptivo deve estar sempre presente, deve ser utilizado nas atuações e não apenas fantasiado.

Notemos que essa *identificação simbólica* promovida pelo pai, assim como o papel de atividade representativa supostamente garantida pela ordem fálica, parece seguir um caminho oposto àquele que o autor construiu anteriormente. Neste último, a mediação do objeto primário, seu distanciamento e o intervalo que ele introduz entre si mesmo e a criança propiciam a distinção entre os componentes essa dupla e também o descolamento entre o objeto real, perceptivo, e o conteúdo psíquico do sujeito, representativo. Até aqui não fora evocada nenhuma identificação com a figura paterna, cujos desdobramentos nos parecem tão misteriosos quanto os que se encontram presentes em *O ego e o Id*.[38] A diferenciação entre sujeito e objeto é garantida pelos movimentos de presença-ausência e aproximação-afastamento, característicos do contato entre o cuidador e a criança, ou, ainda, pelo trabalho do cuidador, que transmite ao infante seus próprios conteúdos separando-os daquilo que pertence ao psiquismo adulto.

Entretanto, a inserção do sexo feminino na teorização do trauma primário e a atribuição da angústia à impossibilidade representativa desse elemento [feminilidade] provocam uma torção no modelo apresentado por Roussillon, atribuindo ao falo, ao masculino, uma função anteriormente explicada e ilustrada sem o seu auxílio. Vejamos como isso aparece em sua obra nesse momento:

---

37 É facilmente observável a semelhança entre o objeto-fetiche e o objeto transicional, de Winnicott. Ambos são objetos externos que precisam estar presentes para aplacar a angústia daquele a quem servem de referência, já que apenas a representação não é suficiente. No entanto, podemos afirmar que o que diferencia os dois é a qualidade móvel e temporária do objeto transicional, em detrimento da fixidez e permanência do fetiche. Cf. Winnicott, D. W. (1975/1971) Os fenômenos transicionais. In: *O brincar e a realidade psíquica*. Rio de Janeiro: Imago.

38 Freud, S. (1923/1996i) *O ego e o id*. Edição Standard Brasileira das obras completas de Sigmund Freud, vol. 19. Rio de Janeiro: Imago.

As pesquisas de Zazzo (1995) assinalam que não é antes da saída da crise edipiana, por volta dos cinco anos, que a imagem de si mesmo no espelho é verdadeiramente reconhecida em todos os contextos, ou seja, sem precisar de uma confirmação do outro. O espelho reflexivo de si só é verdadeiramente integrável a partir do momento em que se instaura o superego pós-edipiano, ele não será efetivamente integrado antes da passagem da puberdade e das reorganizações que ela implica na economia representativa. Antes que se instaure esta capacidade autorreflexiva, a função-espelho do pai, sua função de espelho simbolizante, já que reflete o universo representativo — aquele que garante a atividade representativa nos dois sexos quando ela pode se estabelecer, quer dizer, quando o objeto primário a apresenta à criança e o pai a sustenta, a seu modo — é necessária para amparar a atividade representativa, amparar sua delimitação e seu reconhecimento. (Roussillon, 2004, p. 166)39

Neste ponto, divergimos da posição do autor, apostando que, se o contato com o feminino causa no sujeito esse desamparo ou o ameaça em seu potencial de criação e representação, é por se vincular à passividade inerente à sua posição diante de um outro que obtém total controle sobre seu corpo e psiquismo, e não em decorrência da castração da mulher, da falta do falo. Por outro lado, compreendemos que essa diferenciação entre sujeito-objeto, percepção-representação, inaugurada na castração primária (no sentido kleiniano,[40] ou seja, no desmame, na ausência do seio), também pode ser interpretada como a entrada do representante paterno se o concebermos como o terceiro

---

39 "*Les recherches de Zazzo (1995) signalent que ce n'est qu'à la sortie de la crise œdipienne, vers cinq-six ans, que l'image de soi dans le miroir est véritablement reconnue dans tous les contextes, c'est-à-dire sans confirmation par l'autre. Le miroir réflexif de soi n'est véritablement intégrable qu'à partir du moment où s'instaure le surmoi post-oedipien, il ne sera effectivement intégré qu'après le passage de la puberté et les réorganisations qu'elle implique dans l'économie représentative. Avant que ne s'instaure cette capacité auto-réflexive, la 'fonction miroir' du père, sa fonction de miroir 'symbolisant' parce que réfléchissant l'univers représentatif — celle qui garantit l'activité dans les deux sexes quand elle peut se mettre en place, c'est-à-dire aussi bien quand l'objet primaire la présente à l'enfant et que le père la soutien à son tour — est nécessaire à l'étayage de l'activité représentative, à l'étayage de sa délimitation et de sa reconnaissance.*"

40 Cf. "Estágios iniciais do conflito edipiano". In: Klein, M (1996). *Amor, culpa e reparação*. São Paulo: Imago.

elemento que ordena a cadeia psíquica da criança a partir do modelo fálico. Contudo, preferimos deixar clara a ideia de que o falo como índice identificatório não determina a eclosão ou não de uma perversão. Ao contrário do autor, pensamos que antes da resolução do complexo de Édipo e da instauração do supereu, herdeiro da identificação paterna, a capacidade reflexiva da criança já se encontra desenvolvida, seu potencial criativo e a percepção de si e do outro como sujeitos independentes já evoluíram bastante. Desse modo, a saída fetichista testemunha a impossibilidade do objeto primário de exercer seu papel reflexivo e especular, gerando falhas narcísicas compensadas pela erotização de um fator externo que substitua o "brilho dos olhos" do outro. O fetiche seria, então, uma forma de substituir essa atividade de refletir o bebê para ele mesmo, algo que possa mostrar-lhe seus conteúdos internos. Na perversão, segundo Roussillon, é o objeto-fetiche que tem essa função de mostrar ao sujeito quem ele é, sendo por isso tão importante na economia psíquica.

Recorrer à figura paterna para promover o arremate da capacidade autorreflexiva, reportando-o a um período tão tardio do desenvolvimento, nos parece um modo de minimizar a importância do objeto e das relações primárias para a constituição do psiquismo infantil. Obviamente, trabalhamos a questão das figuras materna e paterna como lugares simbólicos, ocupados pelos adultos que exercem as funções básicas de cuidado e erotização do corpo e do psiquismo da criança, o que significa que a relação desta com o sexo feminino ou masculino tem, para nós, pouca relevância. A feminilidade primária não é atribuída à identificação com a figura feminina da mãe, da mesma maneira que as condições fálicas simbolizantes não precisam estar ligadas à presença do órgão genital masculino.

Embora esses pontos estejam quase sempre presentes em nosso horizonte ao lidarmos com a teoria psicanalítica, reforçar essa distinção não nos parece exagerado, já que, muitas vezes, a questão do gênero é prontamente confundida com a existência do falo. Esta discussão, porém, ultrapassa os limites propostos no presente trabalho. O que desejamos ressaltar é nossa crítica em relação à teorização que faz Roussillon acerca da substituição súbita da importância do objeto primário, na construção da capacidade reflexiva da criança, pela atividade de "suporte" do pai, que passa a ser descrito como "espelho-simbolizante" e único a possuir o potencial representativo — com o qual deve resgatar o infante de um mergulho no mundo agonístico não-representável, conforme também é descrito o sexo da mãe.

Neste capítulo explicitamos as ideias de dois autores que parecem colocar em primeiro plano as relações objetais mais arcaicas na eclosão de uma sexualidade perversa. Tanto McDougall quanto Roussillon retornam às origens da constituição do sujeito para compreender a gênese dessa patologia, embora a ênfase de cada um recaia sobre uma questão específica. Se o que depreendemos da noção de neossexualidade é que ela se configura como defesa contra a invasão da figura materna castradora e onipotente em relação ao corpo e psiquismo infantil, a teorização do traumatismo primário em Roussillon nos leva a cogitar quase o oposto quanto ao objeto primário; imaginamos, entrando em contato com sua obra, uma mãe indiferente e distante, incapaz de exercer qualquer atividade para proteger a criança, tanto dos perigos do mundo externo quanto de seus próprios conteúdos pulsionais.

A importância da alteridade fica bem clara nesses percursos que, ainda que em alguns momentos façam, a nosso ver, interpretações "ptolomaicas"[41] — como a questão da impossibilidade de a criança se identificar aos pais, na visão de McDougall ou a necessidade de um personagem portador do falo para sustentar a identificação simbólica do infante, de acordo com Roussillon —, são louváveis por demonstrar a abertura da criança, sujeito em constituição, para o mundo externo, sua fragilidade diante do contato com o psiquismo adulto e as consequências traumáticas que podem resultar desse encontro assimétrico. Além da constatação de que o perverso *recusa* a castração, *desafia* a lei, *manipula* o outro em benefício próprio, esses autores deixaram espaço para aqueles processos aos quais Laplanche (1967/2008) chama "irredutíveis ao autocentrismo" — aqueles nos quais o sujeito

---

41 Falamos do famoso artigo "A revolução copernicana inacabada", no qual Laplanche (1992/2008) faz um paralelo entre as teorias de Ptolomeu e Copérnico — que trabalhavam com as hipóteses de geocentrismo e heliocentrismo, respectivamente — e as construções teóricas de Freud, que ao longo de sua obra oscilam entre o descentramento e a reclusão do sujeito nos processos inconscientes.

não é o protagonista, mas, sim, se vê incrustado de conteúdos e pulsões do adulto. Sobre este ponto nos debruçaremos com maior cuidado no próximo capítulo, analisando a perversão a partir da lógica da Teoria da Sedução Generalizada, de Jean Laplanche.

Capítulo 2 - Estilhaços da assimetria radical: a perversão herdeira da intromissão do sexual

Gerard Bonnet se dedica há mais de trinta anos ao estudo das perversões, no Laboratório de Psicanálise e Psicopatologia da Universidade Paris VII. Publicou importantes trabalhos sobre esse tema, como *Voir - être vu* (1981), *Les perversions sexuelles* (1984) — volume da coleção "Que sais-je?", da editora PUF —, *La violence du voir* (1996), e *Perversion: se venger pour survivre* (2008). Neste último, apresenta como argumento central a ideia de que a perversão não deve ser entendida como um comportamento violento instintivo, refratário a qualquer tratamento e destituído de significações, como frequentemente ocorre. Bonnet delineia um caminho teórico e clínico para aqueles que se aventuram a enxergar além das atuações perversas, identificando as mensagens nelas contidas, seus desdobramentos e possibilidades de tratamento. O autor nos relata que, ainda durante sua formação, teve contato com um caso de perversão no qual o componente visual tinha grande importância, o que o motivou a pesquisar sobre o assunto. Anos mais tarde, o trabalho em um hospital psiquiátrico, no qual atendia pacientes que respondiam a processos judiciais por agressão ou assassinato, reforçou seu interesse pelas perversões.

Em 1975, Bonnet foi orientado por Laplanche em sua tese sobre voyeurismo e exibicionismo, e seu texto ainda hoje carrega as marcas da influência do pensamento desse autor. Notamos isso tanto na importância que a mensagem adquire em sua teoria quanto na ênfase dada à sedução e ao caráter assimétrico entre o poder do adulto e a fragilidade do psiquismo infantil. Mas Laplanche, embora esteja sempre atento à dimensão perversa e polimorfa da sexualidade humana, não produziu muitos textos voltados especificamente para a questão da perversão, tornando necessário que Bonnet partisse de alguns de seus construtos básicos para apresentar ideias originais a partir de seu objeto de pesquisa.

Sendo assim, a sedução originária e seu papel fundamental para a constituição psíquica da criança, aspectos marcantes da obra laplanchiana, foram explorados por Bonnet, que, por sua vez, descreve a sedução intensa e abruptamente interrompida vivenciada pelos perversos. Essa ruptura na relação entre sujeito e objeto gera no primeiro uma frustração radical, culminando em fantasias de vingança. As formas pelas quais a frustração e a fantasia emergem são tratadas minuciosamente nos livros com os quais iremos trabalhar, bem como alguns apontamentos sobre a clínica desses casos: *As perversões sexuais* (1996) e *Perversion: se venger pour survivre* (2008). Entretanto, pensamos que para percorrer as ideias de Bonnet,, por ecoarem muitos pontos da Teoria da Sedução Generalizada (T.S.G.), é preciso fazer um breve resumo do pensamento laplanchiano.

A relação primária em Laplanche

Para o autor, é preciso pensar na existência de uma passividade radical no início da vida, quando o bebê, ainda desprovido de uma instância egoica bem delimitada, é exposto a um adulto portador de fantasias inconscientes. Ao retomar a teoria freudiana da sedução,[42] Laplanche (1988) afirma que as solicitudes maternas na convivência com a criança veiculam conteúdos sexuais que agem silenciosamente, erotizando-a, nos momentos de satisfação de suas necessidades básicas. Esses cuidados dispensados ao corpo do bebê funcionam, juntamente com o investimento afetivo do adulto, como uma forma de

---

42 No artigo "Da teoria da sedução restrita à Teoria da Sedução Generalizada" (1988), Laplanche retoma a Teoria da Sedução de Freud, bem como acompanha os processos de recalcamento da importância da noção de sedução ao longo da obra freudiana. Apesar de ser um ponto de extrema relevância, a análise desse artigo ultrapassa os limites deste trabalho.

sedução que ocorre à revelia do próprio cuidador, já que se passa no nível inconsciente.

Podemos entender a sedução protagonizada pelo adulto nesse primeiro tempo pensando em seu duplo aspecto: se, por um lado, a instauração da pulsão promove o desejo, suscitando investimentos objetais como forma de efetuar ligações nesse circuito de energia psíquica, por outro é também a ação do sexual que acarreta angústia e desprazer quando não pode ser balizada pelas ferramentas simbólicas das quais a criança dispõe.

A T.S.G. permite que retornemos ao conceito de *apoio* tão trabalhado em Freud,[43] substituindo o viés autoconservador sobre o qual a sexualidade estaria assentada pela ideia de um trauma externo oriundo da ação do adulto, cujo elemento de efração é essencial e provoca uma excitação intensa, matriz da pulsão que circulará no psiquismo incipiente da criança. Desse modo, compreendemos o pensamento do autor quando diz que "a verdade do apoio é a sedução",[44] pois, se desejamos aproveitar a metáfora freudiana do apoio, é preciso tomá-la como a forma com que a manutenção dos cuidados básicos engendra a pulsão nesse organismo. Tais conteúdos inoculados, mensagens enigmáticas a serem traduzidas pelo psiquismo infantil em formação, funcionarão como inscrições sobre as quais as fantasias serão construídas posteriormente, exigindo novas representações. Sendo assim, o excesso da mensagem adulta — tanto consciente quanto inconsciente — e seu encontro com o psiquismo infantil provocam na criança sensações desprazerosas de invasão, fratura e excitação.

---

43 Desde, por exemplo, seus *Três Ensaios sobre a Teoria da Sexualidade* (1905). Nesse artigo, Freud lança a ideia de que a sexualidade surge apoiando-se na autoconservação. Assim, o bebê, que inicialmente busca o seio que sacia sua fome, passa então a *desejar* este seio, independente de sua capacidade de fornecer alimento. Este ponto fica claro na passagem: ⊠A princípio, a satisfação da zona erógena deve ter-se associado com a necessidade de alimento. A atividade sexual apoia-se primeiramente numa das funções que servem à preservação da vida, e só depois torna-se independente delas. Quem já viu uma criança saciada recuar do peito e cair no sono, com as faces coradas e um sorriso beatífico, há de dizer a si mesmo que essa imagem persiste também como norma da expressão da satisfação sexual em épocas posteriores da vida.⊠ (Freud, 1905, p. 171).

44 Cf. Laplanche, J. *Vida e morte em psicanálise*. Porto Alegre: Artes Médicas, 1985.

Entretanto, essa exposição total da criança será escamoteada ao longo da constituição psíquica, pois o recalcamento incidirá exatamente sobre esses conteúdos angustiantes: ter o corpo penetrado, fragmentado pela ação do outro. Enfrentar essa passividade infantil é a tarefa à qual se lança o ego do sujeito, através dos esforços de simbolização. Aquilo que resta como impossível nessa operação tradutiva, o recalcado, que é fonte da pulsão sexual, agirá produzindo um ataque interno ao organismo, colocando-o sempre em uma posição de sujeição análoga à desse tempo primitivo. Portanto, essa dor, primeiramente de origem externa, torna-se o núcleo das fantasias sexuais do sujeito, à medida que ele consegue efetuar o recalcamento da posição primária através dos movimentos identificatórios e de constituição egoica. A estrangeiridade da mensagem permanece, agora introjetada, mas agindo daí em diante como um corpo estranho dentro do próprio sujeito, de onde emanam os desejos mais disruptivos e egodistônicos.

No artigo "*Le genre, le sexe, le sexual*", Laplanche (2003) indica uma importante mudança no vetor desses processos identificatórios. O verbo, em sua forma reflexiva — *identificar-se* —, passaria a ser usado na voz passiva — *ser identificado*. Portanto, não é a criança que empreende a identificação com o adulto, e sim este, em sua posição assimétrica, que identifica o infante. Esta mudança se deve ao fato de que, partindo dessa concepção abrangente de sedução, cogitar que a criança efetue uma identificação com o outro parece demandar desse pequeno ser condições psíquicas que ele ainda não possui, pois encontra-se totalmente alienado dos desejos conscientes e inconscientes do cuidador. Neste sentido, a proposta laplanchiana de inversão do vetor identificatório nos parece bastante pertinente, já que conserva o caráter passivo da criança.

Laplanche (2003) nos aponta então duas linhas de mensagens que são transmitidas à criança através dos contatos entre ela e os adultos que a cercam. A primeira é a linhagem do apego, que pode ser entendida como o conjunto das atividades maternas dispensadas ao corpo do bebê (amamentação, contenção do corpo da criança, limpeza dos orifícios corporais, tentativas de comunicação antes da aquisição da linguagem e outros) responsáveis pelo surgimento da pulsão, na medida em que excitam esse corpo. A segunda linhagem diz respeito à designação de gênero. Estão inclusas aí as mensagens do pequeno *socius*, quer dizer, daqueles que mantêm relação estreita com o infante: pais, avós, primos, irmãos, tios. Tais comunicações são transmitidas, segundo o autor, tanto através da linguagem quanto dos comportamentos desse grupo que irá realizar uma verdadeira prescrição, um bombardeio de mensagens quanto à identidade de gênero da criança.

Parece-nos extremamente clara a importância atribuída por Laplanche ao papel do outro e, especialmente, da fantasia que este outro produz na sexualidade infantil. E podemos chegar a afirmar que, de acordo com a Teoria da Sedução Generalizada, a origem da sexualidade é sempre perversa, masoquista, pois se vincula a esse descentramento do sujeito, que se encontra totalmente submetido ao adulto. Outro ponto importante a se considerar é o prazer que atravessa essa submissão, por mais que acarrete angústia para a instância egoica — prazer por se relacionar aos primórdios, não ao tempo "autoerótico", conforme apontava Freud,[45] mas a essa etapa de implantação da libido no sujeito através dos cuidados externos. Lembramos, aqui, a contribuição de Stoller (1975)[46] sobre a feminilidade passivamente recebida pela criança através da imposição do corpo excessivamente terno da mãe, ou seja, de um poder exterior muito gratificante, ao qual o infante não se opõe e nem deseja fazê-lo.

A ação do cuidador participa ativamente da formação das fantasias infantis inconscientes, não somente pela posição assimétrica entre o adulto, portador de um inconsciente, e a criança, cujo psiquismo é ainda precário e desorganizado, mas também na forma pela qual esse

---

45 Também nos *Três Ensaios*, entre as características da sexualidade infantil, Freud evidencia o fato de ela ser autoerótica, conforme se pode constatar na seguinte passagem: "Como traço mais destacado dessa prática sexual [o chuchar], salientemos que a pulsão não está dirigida para outra pessoa; satisfaz-se no próprio corpo, é autoerótica, para dizê-lo com a feliz denominação de Havelock Ellis [1910]", ou ainda neste outro trecho: "A criança não se serve de um objeto externo para sugar, mas prefere uma parte de sua própria pele, porque isso lhe é mais cômodo, porque a torna independente do mundo externo, que ela ainda não consegue dominar, e porque desse modo ela se proporciona como que uma segunda zona erógena, se bem que de nível inferior" (Freud, S. 1905/1996a. *Três Ensaios sobre a teoria da sexualidade*. Edição Standard Brasileira das obras completas de Sigmund Freud, vol. 7. Rio de Janeiro: Imago).
46 Stoller, R. *The transexual experiment*. London: Hogarth Press, 1975.

outro exercerá a sedução. Laplanche afirma:

> As noções de zona erógena, de fonte somática da pulsão, de pulsão parcial anal, oral ou fálica, não podem ser liberadas dos impasses aos quais nos convida uma fisiologia temerária, se não lembrarmos que estas zonas, lugares de trânsito e de trocas, são antes de tudo e primordialmente os pontos de focalização dos cuidados maternais. Cuidados de higiene, motivados conscientemente pela solicitude maternal, mas onde as fantasias de desejo inconsciente funcionam plenamente. Enfim, é a partir do solo da sedução originária, e da sedução precoce, que é possível atribuir toda a sua importância aos fatos da sedução infantil, para fazê-los sair, enfim, da espécie de gueto teórico onde estão confinados há anos. (Laplanche, 1988, pp. 119-120)

Tal ressalva quanto à visão biologicista da pulsão, muitas vezes encontrada no próprio Freud, ilustra a ideia de Laplanche acerca da efetividade da sedução generalizada, ainda que o autor não esteja falando sobre a realidade dessa sedução, no sentido de uma sedução perversa, ou seja, de uma relação de pedofilia.

No artigo "Implantation, intromission", a sedução originária é debatida de acordo com a maneira pela qual o adulto introduz as mensagens enigmáticas no psiquismo da criança. Segundo Laplanche (1990/2008), a implantação do sexual é um processo cotidiano, mais próximo da neurose, que possibilita ao sujeito que o sofreu uma reprise ativa, ou seja, alguma tradução. Sua vertente mais violenta, a intromissão, pode ser comparada à penetração do escudo protetor do aparelho mental,[47] e provoca um curto-circuito nas instâncias psíquicas que estão se formando, instalando no interior da criança um elemento resistente a qualquer metábole. Embora os dois processos tenham ligações com o envelope corporal e seus orifícios, o autor sa-

---

47 O que Freud denominou *Reizschutz* em "Além do Princípio do Prazer" (1920), que seria uma parte do psiquismo que foi se diferenciando das outras camadas de percepção, adquirindo a função de paraexcitação. Recomendo ao leitor que desejar uma visão mais completa desta metáfora o excelente artigo de Belo, F. (2012), "O Paraexcitações (*Reizschutz*) e a Paraskeuê", em: *Psicologia em Estudo*. V. 17, n. 3, pp.425-433. Maringá: jul/ set 2012".

lienta a proximidade da implantação com a superfície, o conjunto do corpo e sua periferia perceptiva, enquanto a intromissão se refere às pulsões orais e anais.

Belo (2010), em um artigo no qual aponta alguns percursos teóricos que podem ser desenvolvidos a respeito da sexualidade perversa partindo da T.S.G., mostra que a qualidade dos cuidados corporais fornecidos pelos adultos, e até mesmo as fantasias deles em relação à criança, pode repercutir em determinado tipo de construção egoica que careça de fronteiras bem delimitadas entre o próprio sujeito e o meio externo. Assim, o bebê visto como "orifício" pelos pais tem mais probabilidade de desenvolver uma psicose ou perversão; em contrapartida, o bebê "inteiro", cuja libidinização pelo adulto é distribuída na totalidade do corpo, encontra-se mais perto da neurose. A sedução veiculada a partir de práticas intrusivas e violentas (e podemos entender a violência aqui num sentido amplo, não apenas no da violência física, mas também na violência psicológica, no abandono, nos maus--tratos) age no sentido contrário daquele que se espera de um processo de implantação do sexual: entrava a ligação das pulsões, o estabelecimento e a diferenciação das instâncias psíquicas, a construção de defesas egoicas e todo o encaminhamento em direção à simbolização dos conteúdos que chegam ao aparelho mental da criança.

De acordo com as premissas de Belo, perguntamo-nos então se a superexcitação das zonas oral e anal revela a incidência pungente da alteridade no aparato físico do infante, e também se poderíamos entender as práticas orais e anais em suas formas mais sádicas, tão comuns nas perversões, como um reflexo dessa invasão arrebatadora do corpo e psiquismo infantil pelo outro. A inauguração duplamente traumática da sexualidade do perverso, não apenas no sentido amplo do trauma, fundador do inconsciente, mas também em sua versão dissociativa e compulsória, imprime sua marca na subjetividade e no modo de expressão sexual do indivíduo, cujas possibilidades de satisfação giram em torno do gozo dessa posição de ser invadido, ou invadir, ou, como sustenta Belo, situar-se em apenas um dos lados da díade penetrante-penetrado.

Como é possível notar, a sedução originária tem um papel essencial na fundação do psiquismo, inaugurando as diferentes instâncias a partir do trauma que ocasiona o recalque primário. Além disso, a sedução instaura no aparelho mental infantil significantes dos quais emergirão as pulsões, fornecendo material para a expressão da sexualidade perversa e polimorfa, seja na versão neurótica, contribuindo para a multiplicidade das fantasias, ou na faceta fixa e rígida da perversão.

Alteridade, sedução e projeção: a abordagem de Gerard Bonnet

Para Bonnet (2008), o termo *perversão* pode ser remetido a diferentes contextos. Primeiramente, pode ser entendido como as tendências inscritas em todos os seres humanos, que vão do sadismo e do masoquismo a certas formas de exibicionismo e voyeurismo. Essas tendências fazem parte da sexualidade normal, particularmente da sexualidade infantil, e geralmente desempenham um papel importante no desenvolvimento psíquico da criança. Sabemos que a repressão exagerada desses comportamentos é muito mais prejudicial do que as consequências de tais impulsos, e, além disso, é interessante lembrar que alguns traços da sexualidade perversa são mantidos mesmo após o término da infância, sendo encontrados em sujeitos psiquicamente saudáveis ao longo de toda a vida.

Em outro sentido, a perversão também é considerada uma forma de organização psíquica, assim como a neurose e a psicose. Apesar de o termo ser comumente associado à maldade, pensar numa pessoa cujo psiquismo se constitui a partir do funcionamento perverso não significa, *a priori*, que ela represente qualquer periculosidade. Nesse contexto, o perverso seria aquele que, integrando-se razoavelmente bem à sociedade, tem acesso ao prazer a partir de satisfações específicas (masoquismo, voyeurismo, exibicionismo, sadismo, fetichismo, entre outros). Assim, é possível, por exemplo, manter uma prática *voyeurista* e investir a libido na fotografia ou na investigação científica, tornando essa saída bastante produtiva. Na maioria das vezes esses sujeitos não levantam qualquer suspeita quanto às suas preferências sexuais, e somente em uma investigação analítica esse funcionamento pode ser questionado, sendo avaliadas suas vantagens e desvantagens.

Utiliza-se o termo *perversão patológica* quando esta tendência acarreta comportamentos que o sujeito não controla, e que encobrem sua vida de maneira excessiva. Nesses casos, a perversão é perigosa para quem a vivencia, como o *voyeur* que não pode evitar passar a noite inteira procurando certas imagens na internet, ou o fetichista que não consegue encontrar prazer a não ser no parceiro munido do índice absolutamente necessário para seu gozo, ou o masoquista que se coloca em situações que envolvam cada vez mais sofrimento. Essas práticas, a exemplo de uma toxicomania, se tornam indispensáveis para o sujeito. Entretanto, segundo Bonnet, tais casos são raros.

Existem ainda aquelas perversões cujos comportamentos incontroláveis, marcados por um automatismo inquietante, representam perigo para os outros: o sadismo mortífero, o abuso sexual e o estupro são alguns exemplos.

Trazendo um dado estatístico[48] sobre a pedofilia, Bonnet (2008) problematiza a discussão sobre o assunto ao sustentar que apenas trinta por cento dos agressores sexuais declaram ter sido vítimas de abusos na infância, referência que invalidaria a ideia bastante simples, mas comumente aceita, de que o perverso atuaria com sua vítima de maneira semelhante à qual foi submetido outrora. Mas, se nem todo pedófilo passou por experiências de agressão sexual nos primórdios da vida, a que devemos atribuir tal vicissitude da pulsão?

O autor argumenta que todos nós tendemos a acreditar nessa falsa explicação porque, de algum modo, sentimos que fomos seduzidos e agredidos um dia. Tendo em vista a T. S. G. de Laplanche, sabemos que os cuidados básicos maternos dispensados ao corpo da criança, desde o início da vida, funcionam como uma forma de sedução, transmitindo fantasias inconscientes. Assim, para Bonnet, tendemos a nos identificar com o romance perverso, ou seja, com a sua história, já que sentimos que de alguma forma fomos também seduzidos e abandonados durante a infância. Isso, porque os esforços do adulto para satisfazer as necessidades e os desejos do infante parecem nunca bastar

---

48 Cordier, B. (1999), *Sexualité agie entre enfants et parents*, Ed. Frison-Roche (citado por Bonnet, 2008).

para saciar essa exigência de amor característica do início da vida. Segundo o autor, é como se pensássemos: *Eu também já fui seduzido (a), sei o que é isso. No caso dele* [perverso], *a experiência* [de abandono] *foi mais grave, é normal ter reagido desta maneira* [tradução nossa] (Bonnet, 2008, p. 31).[49] Portanto, o agressor sexual tem certa razão quando se defende dizendo ter sido seduzido, na medida em que todos nós o fomos. Entretanto, isso não implica em que tal experiência seja sempre replicada de modo tão brutal, tomando como objeto outras crianças. O fato de todos nós termos sido seduzidos na primeira infância não implica em que repliquemos essa sedução na idade adulta usando para isso os corpos de outras crianças, pois na maioria das vezes temos a capacidade de simbolizar essa perda e vivenciá-la de modo mais apaziguador. Na perversão, esse processo não é realizado com sucesso, e o sujeito acaba repetindo essa sedução de modo literal.

Para o autor, mais do que o trauma da sedução ou do abuso sexual, o que é desorganizador para os futuros desviantes é a ruptura de um laço libidinal de forma abrupta. Baseado em outros pesquisadores que já teorizaram sobre o tema — como Searlers (1956), Tomassini (1992), Lecraire (1975) e Rosolato (1987) citados por Bonnet (2008) —, Bonnet sugere que o perverso foi uma criança seduzida, excitada pela ação do cuidador, mas rapidamente abandonada à própria sorte, de modo que a tarefa de mediação simbólica, de criação de meios mais psíquicos e menos sintomáticos para lidar com as pulsões não foi exercida pelo adulto. Nesse estágio tão precoce do desenvolvimento, deixada a sós com essas mensagens excitantes nela enxertadas, cujas traduções não são possíveis naquele momento, a criança irá privilegiar um modo de expressão pulsional para tentar se livrar desse excesso e restabelecer o contato com o outro, invertendo esse abandono através da cena perversa.

O desejo de se vingar do trauma oriundo do rompimento dessa relação com o outro surge para mascarar a profunda angústia de separação que ronda o sujeito. O agressor reconstitui, de forma brutal e muito mais grave, a sedução à qual foi submetido, petrificada nesse tempo da ausência do outro, que falta principalmente no exercício

---

49 *"Moi aussi j'ai été séduit, je sais ce que c'est; lui l'a été plus gravement, et c'est normal qu'il réagisse."*

da função de 'ego auxiliar'. Desse modo, uma grande decepção se encontra por trás dessa lógica da vingança. Segundo Bonnet (2008), o perverso é "possuído" pelos objetos maus internos, pelos restos intraduzíveis da sedução que o habita, e impõe a um novo objeto a caricatura dessa sedução que o frustrou. Nesse sentido, o autor aproxima a pedofilia do sadismo, afirmando que tal prática gera um trauma para a criança utilizada como parceiro sexual, ainda que ela consinta, visto que não possui meios de reagir a essa sedução, o que desperta sua culpa e cumplicidade. O "fazer sofrer" do sadismo se transforma aqui em "fazer gozar", com o objetivo de fazer sofrer.

Sendo, juntamente com o sadismo, a perversão mais rejeitada no cenário social, a pedofilia frequentemente provoca uma reação de exclusão, sendo atribuída ao perverso a incapacidade de compartilhar de sentimentos, pensamentos e experiências com os demais, como se aquele que experimentasse a sexualidade de outra maneira não pudesse também ter outros aspectos em comum com as pessoas que o rodeiam. Tal situação geralmente é replicada pelo próprio perverso, que, tentando disfarçar seus comportamentos compulsivos, procura se distanciar dos outros no meio social em que vive. Nesse campo, lidamos, então, com o desafio de abordar um funcionamento psíquico permeado pela exclusão fundamental de tudo o que difere de si mesmo.

Como podemos perceber, o autor contesta a ideia bastante difundida de que o perverso é um sujeito frio, insensível, desprovido de qualquer emoção. Não acreditando na falácia de que nesses casos não existe sofrimento ou afeto em jogo, Bonnet atribui a este um papel central na problemática perversa, ainda que de maneira paradoxal: o perverso não ignora o afeto, ele o suscita no outro para então recuperá-lo em sua forma positiva. Deste modo, o exibicionista provoca a vergonha no outro e experimenta com isso um intenso orgulho; o sádico provoca a humilhação e o mal-estar da vítima e se sente todo--poderoso. Bonnet questiona se a perversão teria essa função de projetar — em negativo — um afeto insuportável e gozar dele em sua forma positiva, o que poderia ser considerado outra face da estratégia da vingança.

Ao contrário, então, da hipótese de que o perverso sofre de

um rebaixamento afetivo, percebemos que o afeto permeia as relações desse sujeito, indicando a incidência do outro em seu psiquismo e trazendo as marcas dessa alteridade na necessidade de projetar tais sentimentos no exterior.

Partindo desse ponto de vista, o afeto deve ser considerado o primeiro modo de reação ativa do sujeito à sedução originária, uma forma muito importante de comunicação primária na infância frequentemente acompanhada de manifestações corporais, "indo de simples signos transitórios a verdadeiras explosões de alegria e de sofrimento" (Bonnet, 2008, p. 71).[50] Desde as publicações freudianas sobre o tema conhecemos a importância dos processos de inversão e de retorno nas tendências pulsionais que estruturam a perversão, mas, para Bonnet, esse papel fica ainda mais evidente ao analisarmos o afeto.

> Quando uma criança reage a uma situação perturbante investindo em excesso um afeto, e não encontra o eco esperado, este afeto se fixa, se repete e procura todas as ocasiões para se manifestar. Ele se torna assim o testemunho de uma ruptura de relação, engendra com o tempo um desejo de retorção para restabelecer o contato a todo custo, e é nestas condições que ele chega a este ou àquele sintoma para conseguir fazê-lo. (Bonnet, 2008, p. 71)[51] [tradução nossa][52]

Além desse sistema de projeção dos conteúdos inassimiláveis, um dos outros destinos possíveis para o afeto na perversão é sua confusão com o objeto. Ele é superinvestido, dominado e mantido à distância graças à sua cristalização nos limites do objeto, como o que ocorre, por exemplo, na pedofilia. A criança encarna tudo aquilo que o sujeito rejeita em si mesmo, que representa o arrebatamento decorrente dos matizes afetivos, e é exatamente isso que o perverso deseja

---

50 "allant de simples signes transitoires à des véritables explosions de joie ou de souffrance."

51 "Lorsqu'un enfant réagit à une situation perturbante en investissant par trop un affect, et qu'il n'eveille pas pour se manifester. Il devient ainsi le témoin d'une rupture de la relation, engendre à la longue un désir de rétorsion pour rétablir le contact à tout prix, et c'est dans ces conditions qu'il en arrive par la suite à recourir à tel ou tel symptôme pour y parvenir."

52 Esta e as demais citações da mesma obra de Bonnet são traduções nossas.

"consumir", isto é, usufruir de modo parcial, desconsiderando o prejuízo resultante de sua ação para a vítima. Nas palavras do autor:

> Eles [pedófilos] foram abandonados quando ainda estavam presos a emoções sexuais muito fortes e tratados como crianças-objetos. Deixados à própria sorte nestes momentos cruciais, eles não encontraram outra solução que não a de dar corpo à emoção sentida. A dialética da vingança se instala então automaticamente. Isto que aportam é insuportável, e eles não têm outros recursos, a não ser um dia inverter esta dialética alienante. (Bonnet, 2008, p. 76)[53]

Lembremos que essa lógica da inversão e da confusão do afeto com o objeto não é exclusiva dos perversos, pois perpassa diariamente as relações familiares normais. É inevitável que os pais introduzam no circuito da relação com os filhos alguns sentimentos que não puderam metabolizar quando foram vivenciados, para, desse modo, objetivá-los e tentarem se liberar desses conteúdos. Entretanto, no caso da perversão, o afeto se faz objeto: esses pontos sem tradução não constituem simplesmente a relação entre os personagens (adulto-criança), são consolidados na figura escolhida. A questão da transgeracionalidade no abuso sexual parece-nos um exemplo desse tipo de concretização de afetos que não receberam um tratamento simbólico: o episódio de violência que atingiu a mãe, ainda em sua infância, é reprisado, tempos mais tarde, no corpo de seu(s) filho(s), sendo apenas então possível que essa mulher lide com as sequelas desse trauma.[54] Na perversão, portanto, é preciso elaborar estratégias para desfazer esse amálgama, descolando o afeto daquele que é usado para personificá-lo e permitindo ao sujeito que projeta entrar em contato com as significações que tais atuações carregam.

---

53 "*Ils ont été abandonnés alors qu'ils étaient en proie à des émotions sexuelles très fortes et traités comme des enfants objets. Laissés à eux-mêmes dans des moments cruciaux, ils n'ont pas eu d'autre solution que de faire corps avec l'émotion ressentie. La dialectique de vengeance s'avère alors automatique. Ce qu'ils portent en eux étant insupportable, ils n'ont d'autre recours que d'inverser un jour cette dialectique aliénante.*"

54 A questão da transgeracionalidade no abuso sexual foi trabalhada com mais detalhes em: Bacelete, L. França, C., e Roman, I. "Eu não sabia..." In: França, C. (org.) *Perversão: as engrenagens da violência sexual infanto-juvenil*. Rio de Janeiro: Imago, 2010.

Outro caminho pulsional para o afeto, nesses casos, é sua fusão com uma zona erógena. Esta pode ser tanto um órgão quanto uma superfície excitável, que liga o exterior ao interior do corpo, possuindo uma representação psíquica. Freud (1915/1996c) afirma, em "Os instintos e suas vicissitudes", que cada pulsão se apoia em uma zona erógena sobre a qual incidem fantasias inconscientes, fazendo com que o sujeito tenha acesso a determinado tipo de prazer. Mas, segundo Bonnet, em determinadas situações, essa zona pode se misturar ao afeto, que passa a ser vivenciado apenas através dela, fixando-se nesse núcleo. De acordo com o autor, isso ocorre em algumas práticas perversas nas quais o cenário é organizado em torno de uma penetração anal passiva — é como se certas emoções ou sensações de extrema submissão não pudessem ser verbalizadas ou experimentadas a não ser pela via de tal prática sexual. Para Bonnet, isso explicaria a importância do prazer anal e a grande repressão que recaiu sobre ele ao longo de toda a história da humanidade. Além desta, outras maneiras de fusão entre afeto e zona erógena podem ocorrer, como nas afecções psicossomáticas, nas quais determinados órgãos são afetados com uma excitação mortífera. Pensando na lógica perversa da vingança como forma de repetir o próprio trauma, da qual falamos há pouco, a mistura entre afeto e zona erógena pode ser considerada uma saída razoável, já que a revanche do sujeito é direcionada ao próprio corpo, e não ao outro. Entretanto, é inegável que essa estratégia bloqueia o afeto limitando-o à zona erógena em questão, e impede a identificação e transmissão desse afeto ao mundo externo de maneiras mais sociáveis.

Bonnet fala também sobre a mistura entre afeto e a pressão da pulsão na sexualidade perversa. Num primeiro momento, essa ideia nos causa certa estranheza: como seria possível a confusão entre uma emoção e uma qualidade da pulsão, sendo esta última um aspecto meramente descritivo[55] do qual lançamos mão para tratarmos mais rigorosamente as produções do inconsciente? Este ponto pode ser esclarecido — pelo menos parcialmente — quando o autor faz referência ao caráter externo da pressão pulsional: ela é invasora, transbordante,

---

55 Bonnet está se referindo aos quatro elementos constitutivos da pulsão parcial apresentados por Freud em "A pulsão e seus destinos" (1915): pressão, finalidade, objeto, fonte.

e constitui um catalisador do afeto, visto que, em todo e qualquer processo de constituição psíquica, é o olhar do objeto primário que mobiliza sensações e sentimentos no sujeito. O que ocorre na perversão é que esta questão se inverte:

> O olhar [do perverso] se encontra carregado de afeto com a mesma força [do olhar do objeto primário], mas não para experimentá-lo, para se apropriar dele; é, pelo contrário, para tomar distância dele, descarregá-lo, reenviá-lo a seu ponto de partida, circunscrevendo seus efeitos. (...) O perverso não suporta o peso do afeto — da emoção em geral — pelas razões ligadas à sua história pessoal, e sua prática consiste em elaborar uma estratégia para distanciar-se, descolar-se dele, e gozar por algum elemento interposto. Este elemento pode ser o outro, o outro transformado em objeto como na pedofilia, pode também ser um órgão, ou um elemento que simbolize a pressão pulsional a seus olhos. (Bonnet, 2008, pp. 81-83)[56]

Ou seja, a pressão pulsional, aquilo que serve de combustível ao afeto, é evocada pelo desejo do objeto primário, representado pelo seu olhar sobre o sujeito. A fusão entre essa pressão e o afeto seria, então, o fixar-se nesse instante especular, fruindo dele um prazer sexual. Aqui podemos prontamente relacionar a posição passiva da criança desde as origens do psiquismo, diante do olhar penetrante do outro, à saída perversa de distanciar-se desse elemento de invasão, alcançando-o somente por caminhos indiretos que permitam o controle da situação. Isso quer dizer que o próprio ato de se fixar nesse instante significa também distanciar-se dele, ou gozar de forma interposta.

---

56 "*Le regard se trouve chargé d'affect avec la même force, mais ce n'est pas pour l'éprouver, pour se l'approprier; c'est au contraire pour prendre ses distances avec lui, s'en décharger, pourrait-on dire, le renvoyer à son point de départ et en circonscrire les effets. (...) Le pervers ne supporte pas le poids de l'affect, et donc de l'émotion en général, pour des raisons qui tiennent à son histoire personnelle, et sa pratique consiste à élaborer une stratégie pour le mettre à distance, s'en dégager et en jouir par tel ou tel élément interposé. Cet élément peut être l'autre, ou l'autre transformé en objet comme dans la pédophilie; ce peut être aussi un organe, ou un élément symbolisant la poussé pulsionnelle à ses yeux.*"

O reconhecimento das mensagens contidas na cena perversa

A atuação compulsiva do perverso geralmente é cuidadosamente arranjada, apresentando algumas características comuns eleitas pelo sujeito para compor a cena que deseja criar. Essa montagem não serve apenas para atordoar a vítima, mas também para transmitir uma mensagem, conforme nos diz o autor:

> Isso não é apenas uma repetição do passado, mas é também, ao mesmo tempo, uma repetição do presente inconsciente, uma repetição teimosa, insistente, para colocar em cena certos significantes que estes sujeitos não podem exprimir ou formular de outra maneira. (Bonnet, 2008, p. 40)[57]

A força desse cenário é tal que aqueles que participam de práticas sexuais desviantes, seja como autores, vítimas ou testemunhas, são levados, sem que se deem conta, a um circuito de gozo que não podem interromper: o agressor está atado à sua posição de ferir a vítima de todos os modos possíveis, e a vítima, em sua posição de objeto, e as testemunhas ou aqueles sobre os quais tal cena ecoa correm o risco de encontrar na repetição um meio de dar vazão a essas pulsões. Assistindo ou exibindo essas cenas, sendo agressores ou vítimas, fica-se exposto ao fascínio pelo mórbido e à sua reprodução exaustiva, já que o conteúdo não pode ser decodificado. Isso vale também para aqueles que trabalham buscando uma intervenção nesses casos: policiais, terapeutas, juízes, educadores, médicos e outros profissionais.

Para Bonnet, a forma mais eficiente de colocar um limite ao transbordamento perverso é a análise, não apenas no sentido da técnica psicanalítica, mas da capacidade do sujeito de criticar, desconstruir sua própria história. Desse modo, é preciso que sempre nos interroguemos sobre em que consiste a perversão, quando ela se torna pe-

---

57 *"Ce n'est pas seulement une répétition du passé, c'est aussi et en même temps une répétition du présent inconscient, une répétition têtue, insistante, pour mettre en scène un certain nombre de signifiants que ces sujets ne parviennent pas à exprimer ou à formuler autrement."*

rigosa e o que fazer para que ela evolua de maneira construtiva. Essa constatação abre uma via para a discussão acerca do trabalho analítico que pode ser realizado com esses sujeitos, pois se é verdade que o espaço onde se passa a atuação compulsiva perversa conserva um potencial de interpretação, na medida em que contém significantes como mensagens destinadas ao outro, a tarefa do analista seria a de investigar esse ato e toda sua ambientação, voltando sua escuta para o olhar do sujeito em relação a tal cena.

> Nós percebemos que, se ele [perverso] apresenta seu ato como uma resposta à sedução do adulto, como uma forma caricatural de mostrar a sedução excessiva ou de devolvê-la de maneira pior, isso é, de fato, uma invenção desesperada para exercer a sedução à sua maneira e reviver intensamente aquilo que foi interrompido, tentando uma passagem à força em direção aos outros. É na medida em que se facilita essa passagem ao nível dos significantes que ela não mais se produzirá no nível dos atos. (Bonnet, 2008, p. 41)[58]

O analista que atua nesse campo se vê, então, diante de duas vertentes: a da explosão pulsional cega e vingativa, sob a égide dos objetos primários que o sujeito não pode controlar; e a dos elementos significantes que compõem o ato, através dos quais devem ser exploradas tentativas de comunicação, única maneira de realizar um deslocamento da lógica da vingança para a das mensagens.

O autor nota que pode ocorrer certa recusa desses afetos também por parte do analista, pois muitas vezes as representações recalcadas são o foco do tratamento, tentando-se evitar que o *setting* analítico seja encharcado com as emoções do paciente a tal ponto que comprometa a continuidade do trabalho. No entanto, com essa esquiva não é possível alcançar as bases da organização perversa: é necessário que o analista provoque uma catarse de efeitos duradouros (ainda que isso

---

58 "On s'aperçoit alors que, s'il présente son acte comme une réponse à la séduction de l'adulte, comme une façon de caricaturer une séduction excessive ou de la renvoyer en pire, c'est en fait une invention désespérée pour exercer la séduction à sa façon, et relancer en profondeur celle qui s'est arrêtée, en tentant un passage en force en direction des autres. C'est dans la mesure où l'on parvient à faciliter ce passage au niveau des signifiants qu'il cessera de se produire au niveau des actes."

não se dê de uma só vez), para que o sujeito assuma o quinhão afetivo de sua atuação e passe a se questionar em relação às fontes da mesma. Consideramos tais observações quanto à condução da clínica de extrema relevância, já que as produções sobre a temática das perversões raramente abordam o tratamento de maneira positiva, retratando-o como um processo dificultado, se não impossibilitado, pela não aderência do perverso à análise.

Além da cena perversa, alguns comportamentos sexuais considerados desviantes podem também veicular comunicações inconscientes, compostas por conteúdos que não podem ser expressos de outra maneira pelo sujeito. Durante a infância, a emergência de comportamentos que se assemelham a uma perversão pode ocorrer quando a criança tenta traduzir o sexual que lhe é transmitido pelo adulto, ou quando busca uma conexão com este transmitindo uma mensagem inconsciente. Não seria desnecessário lembrar que nesse período estamos lidando com a sexualidade pulsional, e não com a genital, e portanto, se a criança apresenta reações que aparentam ser perversões, não devemos classificá-las prematuramente. O mesmo ocorre quando um comportamento perverso, no sentido próprio, se instala: não diremos que se trata de uma estrutura, mas de uma busca pela contenção dessa pulsão anárquica, uma tentativa de dar um sentido a ela.

> Se é verdade que nós temos sempre que nos haver com uma sexualidade pulsional, o verdadeiro problema é saber como oferecer à criança os meios de outra tradução, como ajudá-la a viver de maneira construtiva: Freud diz que a pulsão é um conceito limite entre o psíquico e o somático, e a criança deve descobrir como dar prioridade ao psíquico através das palavras, do jogo, da poesia, ao invés de ficar à mercê de comportamentos de tipo perverso ou de sintomas análogos. (Bonnet, 2008, p. 44)[59]

Bonnet cita em seu texto o exemplo de uma menina de seis

---

59 *"(...) s'il est vrai que nous avons toujours affaire en priorité à une sexualité pulsionnelle, le véritable problème est de savoir comment offrir à l'enfant les moyens d'une autre traduction, comment l'aider à la vivre de façon constructive: Freud dit que la pulsion est un concept limite, entre le psychique et le somatique, et l'enfant doit trouver comment donner la priorité au psychique en usant des mots, du jeu, de la poésie, au lieu de rester*

anos, filha mais nova de uma família de quatro crianças, que apresenta uma demora excessiva durante as refeições, mastigando a comida por bastante tempo. A menina exige que toda a família espere à mesa durante seu ritual, o que gera bastante insatisfação em todos. Essa família, que uma vez por ano frequenta um campo de nudismo, se queixa ao analista do incômodo de ter que ficar assistindo a esse comportamento da menina todos os dias. Após algumas conversas com a criança, o analista percebe que, ainda que ela não tenha se dado conta, se sentira invadida por alguns olhares em direção a seu corpo no campo naturista. Convocando o olhar dos familiares durante seu gozo oral, a criança reencontra a situação que a exasperou, mas dessa vez em outro registro: ela projeta sobre os outros seu mal-estar, sua impaciência, sua agressividade. Utiliza a sexualidade pulsional, oral, para reagir à sexualidade genital adulta. Confrontada a uma situação muito sedutora para ela, reage através do excesso da sexualidade oral.

Percebe-se então que um comportamento sexual ostensivo na infância é uma forma que a criança encontra de reagir a uma solicitação excessiva e transmitir uma mensagem.

> O que desejo sublinhar é que houve sempre alguma coisa, e que uma criança não investe jamais um comportamento sexual de maneira excessiva sem razão. É preciso procurar a relação perturbante que suscitou seu gesto, e dizer que esta maneira de reagir já é para ela uma pequena vitória: graças a ela, a criança pode vir a conter o que se passou, colocá-lo em forma, se defender e até mesmo remeter ao outro a agressão pela qual se sentiu ameaçada. (Bonnet, 2008, pp. 47-48)[60]

Diante desses fatos, o autor aconselha que o comportamento infantil seja acolhido pelo adulto e que ele procure entender sobre

---

à la merci des comportements de type pervers ou des symptômes analogues."
60 *"Ce que je tiens à souligner, c'est qu'il y a toujours eu quelque chose, et qu'un enfant n'investit jamais un comportement sexuel de façon excessive sans raisons. Il faut rechercher la relation perturbante qui a suscité son geste, et se dire que cette façon de réagir est déjà pour lui une demi-victoire: grâce à elle, il parvient à contenir ce qui s'est passé, à le mettre en forme, à se défendre, et même à renvoyer sur l'autre l'agression dont il s'est senti menacé."*

quais bases se assenta, não reprimindo ou punindo tal atuação. Isso poderá auxiliá-lo a liberar o inconsciente pulsional da criança aos modos de expressão que convêm, sendo para tanto necessário uma troca profunda, espontânea e lúdica com a criança, que se diferencia totalmente da relação que costuma preceder os casos nos quais o perverso elabora uma fantasia de vingança.

Ainda na esteira da significação da cena perversa e de sua função de possibilitar a transmissão de um conteúdo inconsciente, Bonnet evoca a noção de *perversão transitória*. O termo apareceu pela primeira vez em um artigo de Ruth Lebovici, datado de 1956,[61] no qual a atuação perversa provocou alguns efeitos positivos, visto que através do voyeurismo o paciente pôde adotar uma atitude mais ativa, externalizando a vergonha da qual se queixava. A perversão transitória pode ser entendida como uma solução passageira para endereçar ao outro uma questão vital, de sua própria existência, uma maneira de exorcizar a violência autodestrutiva que ameaça o sujeito. De acordo com Bonnet, essa noção foi deixada de lado, principalmente, devido à crítica feita por Lacan ao artigo de Lebovici e devido à concepção lacaniana que este apresenta da perversão como estrutura, amplamente aceita nos círculos psicanalíticos que seguiam tal escola. Mas as discussões e os trabalhos clínicos acerca dos agressores sexuais — como Bouchet (1992), Ciavaldini (1999), Eiguer (2001) e Balier (1996), conforme citados por Bonnet (2008) — voltaram a atenção de muitos autores para a temática da perversão transitória na adolescência. Ela pode ser definida por um comportamento sexual correspondente a certas perversões (exibicionismo, masoquismo, voyeurismo), que coloca em evidência uma operação indispensável ao processo da adolescência quando esta não pôde se dar sobre o plano fantasmático. Bonnet observa que no contexto social atual alguns adolescentes, principalmente meninos, apresentam certas fixações em produtos pornográficos que equivalem a perversões transitórias, assim como fixações exibicionistas e fetichistas em meninas. Esse processo corresponde ao momento em que o adolescente se esforça para pôr em prática um quadro relacional intermediário tendo em vista seus próprios desejos, ou seja,

---

61 Lebovici, R. "Perversion sexuelle transitoire au cours d'un traitement psychanalythique". In: *Bulletin d'activités* n° 25, Association des Psychanalystes de Belgique, 1956.

reinveste uma pulsão parcial herdada da infância dando-lhe uma nova roupagem, colorida com seus tons. Para Bonnet, essa atuação frequentemente se endereça ao pai, na forma de desafio e confronto a tal figura, que nesses casos costuma ser idealizada e ausente.

> O que excita o adolescente não é tanto o sexo propriamente dito, mas o sexual presente em todas as mensagens que o intrigam de outra maneira. Trata-se mais precisamente do olhar, disso que o olha de maneira imperativa durante este período e que ele se esforça para situar e fixar sobre o órgão que o excita, apurando, conferindo ou dando-se a ver. É então o sexual do outro, o sexual que o marcou e o seduziu profundamente durante toda a infância que ele cristaliza, e que está prestes a se confundir a ponto de desaparecer com ele se sua prática não encontra nenhum eco. Exibindo-se, de uma forma ou de outra, o adolescente procura o efeito que lhe provará que a coisa existe, e que, por consequência, ele existe também. (Bonnet, 2008, p. 59)[62]

Pode-se entender que tal faceta da perversão é uma forma de metabolização destas mensagens que não puderam ser traduzidas de modo minimamente satisfatório na fantasia, na palavra. Bonnet descreve a perversão transitória em dois componentes: a regressão pulsional que caracteriza o ato — o retorno a um período da infância no qual esse ato trazia prazer — e os restos não traduzidos das mensagens fornecidas pelo adulto. É por existir um bloqueio sobre um ponto de tradução do sexual que vem de fora que a perversão transitória se encena. Desse modo, não apenas os elementos pré-genitais da sexualidade dos pais incidem sobre o sujeito, mas também aqueles pontos sobre os quais não desejam tocar em suas histórias que vão se colocar como

---

62 "C'est qui excite au plus haut point l'adolescent, c'est ne pas tant le sexe à proprement parler, c'est le sexuel présent dans tous les messages qui l'ont intrigué autrefois. Il s'agit plus précisément du regard, de ce qui le regard d'une façon impérative au cours de cette période, et qu'il s'efforce de situer et de fixer sur l'organe qui l'excite en le scrutant ou en le donnant à voir. C'est donc le sexuel de l'autre, le sexuel dont il a été marqué et qui l'a séduit en profondeur pendant toute l'enfance qu'il cristallise ainsi, et avec lequel il est prêt à se confondre au point de disparaître avec lui si sa pratique n'éveille aucun écho. En l'exhibant d'une manière ou d'une autre, l'adolescent recherche l'effet qui lui prouvera que la chose existe et que, par conséquent, il existe lui aussi."

enigmas para os filhos, servindo de matéria-prima para tais atuações passageiras.

O autor reforça a importância da valorização dos componentes significantes da perversão, já que, muitas vezes, seja na produção teórica ou na condução da clínica, o componente pulsional ganha maior atenção nesses casos. As mensagens que carecem de tradução são essenciais no trabalho analítico, pois para esses sujeitos o excesso da sedução impede que cheguem a tais conteúdos, ainda que sua passagem seja forçada através dos atos.

Vimos que a perversão transitória não resulta necessariamente de uma sedução mortífera, não provém de um acontecimento real da mesma magnitude do comportamento apresentado, mas é uma construção elaborada a partir de uma vivência íntima atravessada por mensagens sexuais inconscientes. Por isso se constata a prevalência da imagem sobre a palavra, do afeto e do sentido sobre a expressão verbal. O que Bonnet prioriza em sua visão desse tipo de perversão é que existe aí um esforço de tradução desses nódulos na sexualidade do adolescente, uma intenção de externalizar tal enigma para que o outro possa ajudá-lo a dar uma resposta a isso que o interroga internamente.

Trouxemos alguns comentários sobre a expressão da sexualidade infantil perversa e sobre a perversão transitória na adolescência com o objetivo de demonstrar — ainda que esses casos não mereçam receber a alcunha de perversões propriamente ditas — a ideia de que a atuação compulsiva perversa é uma tentativa de projetar experiências cujo *quantum* de pulsão ultrapassa a capacidade do psiquismo de simbolizá-las, sendo necessário, portanto, repeti-las a todo o momento. Nessas duas situações, o funcionamento perverso é ilustrado, assim como algumas hipóteses sobre as conduções possíveis desses casos, sem acarretar prejuízos ao psiquismo do sujeito.

A solução sádica: sofrimento às avessas

Outro tipo de expressão do sexual disruptivo e da precariedade de sua simbolização pode ser reconhecido no sadismo. Bonnet (2008) lembra que nos *Três Ensaios* Freud o considerou, junto com o masoquismo, a mais frequente e significativa de todas as perversões, sendo, portanto, as mais investigadas por seus sucessores. Já em 1905 Freud sustentara que somente nos casos em que a violência se torna condição *sine qua non* para o acesso ao prazer genital pode-se falar em perversão. O caráter imperioso da necessidade de fazer o parceiro sofrer também especifica esse tipo de organização psíquica. Em todos os outros casos, trata-se apenas de uma tendência a privilegiar a violência nas relações com a alteridade, e sendo assim, Bonnet apresenta as múltiplas variações nas quais a pulsão sádica pode aparecer:

— como uma violência primária, comum a todos;
— como uma pulsão parcial que tem um papel estruturante nas primeiras relações de objeto;
— como uma perversão típica (sadismo propriamente dito);
— como uma prática violenta que afeta somente o próprio sujeito, sem representar perigo para o(s) outro(s);
— como uma passagem ao ato que ameaça outras pessoas (sadismo mortífero).[63]

Segundo o autor, a pulsão não simbolizada que habita o perverso pode assumir várias roupagens violentas, como, por exemplo, o desejo repentino e incoercível de causar a dor alheia. Essa pressão pulsional pode resultar em estratégias bem elaboradas, cujo objetivo é o de realizar tais fantasias e que, de tão bem articuladas, chega-se a duvidar de seu aspecto inconsciente. Em primeiro lugar, é preciso lembrar o papel da clivagem nessa situação, associada ainda ao mecanismo da negação. Isso quer dizer que o sujeito pode, eventualmente,

---

63 Apesar de apresentarmos a classificação do autor, pensamos ser mais simples e didático propor uma divisão apenas entre a pulsão parcial sádica e o próprio sadismo, que poderia compreender tanto as práticas sexuais que não representam grande perigo ao sujeito e ao parceiro quanto as condutas violentas, que ameaçam ou tiram a vida de outras pessoas. A questão do sadismo pode ser entendida, desse modo, a partir de uma gradação, que vai do desvio circunscrito ao cenário sexual à compulsão e à destruição do outro. Esta última questão será discutida com mais detalhes no próximo capítulo.

levar uma vida comum e integrada aos padrões sociais, e ainda assim se entregar às práticas violentas que o acometem.

A negação funciona como uma força importantíssima, que atua impedindo o reconhecimento e outras elaborações a respeito dessa violência cometida. Isso não quer dizer que o perverso *não saiba* o que faz, mas sim que não examina de forma complexa as consequências de seus atos e as questões éticas que os envolvem. Para Bonnet, tais casos de sadismo perverso se distinguem da tendência sádica que compõe e atravessa a "sexualidade normal", na medida em que nesta última a pulsão parcial sádica é vivenciada de maneira flexível e diversa, enquanto na perversão sádica existe um sistema fixo de gozo sem o qual não é possível que o sujeito se satisfaça. Além disso, a necessidade de concretização e a repetição do cenário são outras características que permitem a diferenciação entre o sadismo perverso e a expressão da pulsão parcial sádica.

> Em uma palavra, diferentemente do que se passa na pulsão parcial correspondente [sádica], o sadismo coloca em jogo e concentra a dinâmica de todas as formas de sexualidade pré-genital ou pulsional. É para ele [perverso] uma primeira maneira de satisfazer a pulsão radical e absoluta que sente invadi-lo, multiplicando-a de uma maneira específica. (Bonnet, 2008, p. 90)[64]

Uma diferenciação mais detalhada entre o que o autor entende por pulsão parcial sádica e sadismo parece necessária neste ponto. Para tanto, recorreremos à definição de Laplanche e Pontalis, para os quais a pulsão parcial

> designa os elementos últimos a que chega a psicanálise na análise da sexualidade. Cada um destes elementos se especifica por uma fonte (por exemplo, pulsão oral, pulsão anal), e por uma meta (por exemplo, pulsão de ver, pulsão de dominação). O termo "parcial" não significa só que as pulsões parciais são espécies que pertencem

---

64 "*En un mot, à la différence de ce qui se passe dans la pulsion partielle correspondante, le sadisme met en jeu et concentre la dynamique de toutes les formes de la sexualité pré-génitale ou pulsionnelle. C'est pour lui une première façon de satisfaire la poussé radicale et absolue qu'il a senti monter en lui, tout en la décuplant sur un mode spécifique.*"

à classe da pulsão sexual na sua generalidade; deve ser sobretudo tomado num sentido genético e estrutural: as pulsões parciais funcionam primeiro independentemente e tendem a unir-se nas diversas organizações libidinais. (Laplanche & Pontalis, 2001/1967, p. 402)

É justamente essa propriedade de funcionamento independente da qual os autores nos falam que pode esclarecer a distinção pretendida por Bonnet em relação à presença de elementos da pulsão sádica em determinado psiquismo e o sadismo como perversão. É como se, articulando as outras formas de sexualidade [sexualidade genital, ideal, fundamental e do eu][65] de modo linear e cumulativo, o perverso extraísse um gozo sem limites, "pervertendo" a pulsão parcial. Por mais estranho que possa soar essa afirmação, acreditamos que o autor esteja querendo demonstrar que nesses casos a pulsão parcial não é utilizada para experimentar um prazer limitado, como o próprio termo indica, mas vem carregada de todas as formas de satisfação possíveis e imagináveis, ficando em evidência seu caráter arbitrário. Bonnet pensa em um *continuum* de excitação que vai do prazer provocado pela pulsão parcial (seja ela oral, anal, sádica, masoquista etc.) à experiência orgástica genital. Entretanto, na perversão, o sujeito alcança esse estágio de excitação suprema pela via da pulsão fragmentada. Sendo assim, no sadismo propriamente dito, ou sadismo perverso, esse ato visa a fixar no corpo do outro a ameaça mortífera à qual o sujeito se vê lançado. Através de um processo de identificação projetiva,

---

65 Bonnet classifica a sexualidade, tal como Freud a aborda, em cinco distintos modos de acesso ao prazer: *sexualidade genital*, da qual Freud se ocupa a partir de 1895 em relação à neurose de angústia; *sexualidade pré-genital ou pulsional*, foco de suas pesquisas a partir de 1905, com a publicação dos *Três Ensaios*; *sexualidade ideal ou passional*, que surge nos anos 1920, com as teorizações acerca do papel fundamental do investimento nos ideais para o psiquismo humano, conforme as hipóteses que aparecem em *Psicologia das massas e análise do ego*; *sexualidade fundamental*, composta pelas pulsões mais recalcadas, que jamais são totalmente satisfeitas; *sexualidade do Eu*, proveniente da análise dos sonhos, dos sintomas, cujo prazer se encontra na articulação das quatros sexualidades precedentes em relação ao outro. No entanto, acreditamos que essa distinção proposta pelo autor não é muito rigorosa, pois alguns desses tipos de sexualidade não podem ser tomados separadamente, como a *sexualidade pulsional* e o que ele chama de *sexualidade do Eu*. Como diferenciar a pulsão parcial infantil dos fantasmas e arranjos que determinam as escolhas objetais do sujeito?

o perverso usufrui do sofrimento que provoca. A ritualização do ato se mostra indispensável para realizar essa passagem, já que, não sendo interiorizada pelo sujeito, necessita da repetição constante a fim de evitar a destruição de seu psiquismo.

Outra classificação utilizada por Bonnet para as roupagens violentas que a pulsão pode assumir é a do sadismo mortífero, forma mais grave e perigosa da perversão sádica, cujas manifestações podem resultar em assassinatos em série. Essa modalidade também pode ser vista sob a ótica do transbordamento pulsional: o sujeito é confrontado com a carga de excitação que o atravessa em certas situações e que o impele a tentar represá-la, sendo o corpo do outro utilizado com essa finalidade, porém, nesses casos, de modo mais destrutivo.

Pensemos então na existência de dois polos: a pulsão parcial sádica e uma pulsão sádica originária (segundo a terminologia de Bonnet). A primeira, conservando o caráter múltiplo da sexualidade infantil, estaria a serviço da metábole e suas possibilidades de simbolização, prestando-se a ser inserida nos processos de elaboração psíquica. A pulsão parcial está, portanto, relacionada a tudo que pode ser traduzido, gerando um "romance familiar", uma significação. Já a pulsão sádica originária iria em direção à cristalização, à fixidez na forma de vivenciar o prazer sexual. É a faceta rígida e repetitiva da perversão, que representa o impedimento dessa função tradutiva, o resultado do abandono do outro. Esse sadismo originário pode ser matizado, dando origem a uma perversão sádica no sentido mais clássico (como a construção de cenas sexuais nas quais predomina o sofrimento e humilhação infligidos ao parceiro), ou ao sadismo mortífero, gerando violência extrema.

É importante dizer que, ao usar o termo *sadismo originário*, Bonnet não pretende relacioná-lo a qualquer ideia que remeta a uma violência instintual no organismo, como é o caso de Jean Bergeret e sua tese da *violência fundamental*, citada pelo autor. Bonnet emprega o originário fazendo alusão à gênese desse sadismo, cujas raízes nos reportam às relações mais primitivas da criança com o adulto cuidador, sendo tal assimetria responsável pelo caráter radical do mesmo. Com seu ato, o sádico atesta a crueza da sedução, e se o faz é por querer colocar em cena a ausência, a falta que interrompeu o processo de simbolização que teria permitido uma reação mais maleável e mediada.

No entanto, é preciso lembrar que, se a perversão sádica expressa o ódio do sujeito em decorrência da falha do objeto, ela também conserva em seu reverso o amor e a procura pelo outro, apontando para uma saída possível dos impasses que tal organização nos apresenta. Estabelecemos então um parâmetro que aponta para a diferenciação que buscávamos anteriormente: o autor acredita que a pulsão sádica, sendo um importante componente da sexualidade, se torna perversão quando o outro sedutor das origens desaparece no decorrer dos processos de constituição psíquica.

> O sujeito não tem outra solução a não ser a de infligir o mal que lhe fizeram os efeitos da sedução inicial, tornados intraduzíveis. Esta solução permite-nos supor que ele não encontrou em sua vida alguém que ocupasse o lugar deste outro, e que reiterasse a sedução de forma mais aberta ao restabelecimento das condições e dos elementos do traumatismo inicial. (Bonnet, 2008, p. 96)[66]

Não nos esqueçamos, contudo, de que, conforme propunha Freud (1905/1996a), a investigação do sadismo não deve ocorrer desvinculada do masoquismo. Em relação a este, é preciso dizer que se pode encontrar a tendência a buscar inconscientemente o sofrimento ou a punição em todos os seres humanos, assim como ocorre com a pulsão sádica. Muitas vezes essa busca de desprazer é atribuída à solução de conflitos neuróticos, como demonstra a afirmação freudiana no texto "Criminosos em consequência de um sentimento de culpa" (1916/1996c). Entretanto, nas perversões, o sujeito erotiza essa tendência usufruindo sexualmente da dor, ainda que, através do mecanismo de cisão do ego, possa recusar qualquer outro tipo de sofrimento nos demais contextos de sua vida. Essa circunscrição da pulsão a determinado cenário e objeto deve ser vista como uma tentativa do

---

66 "Le sujet n'a plus alors d'autre solution que de lui infliger le mal que lui font les effets de la séduction initiale devenus intraduisibles. Cette solution laisse supposer qu'il n'a pas rencontré dans sa vie ultérieure quelqu'un qui tienne la place de cet autre et qui réitère la séduction sur un mode ouvert à la remise en place des conditions et des éléments du traumatisme initial."

sujeito de dominar e possuir o próprio corpo, almejando, assim, a posse total do objeto de desejo.

> Enquanto perversões, o sadismo e o masoquismo caracterizam-se também, de uma forma mais precisa, pelo facto do prazer no sofrimento e na dor passar pelo corpo, e mais exactamente pelo palpar, pelo tacto, pelo contacto. Essas perversões fruem de uma certa equivalência imaginária entre o ego e a pele, já evocada por Freud, mas recentemente valorizada por outros autores, como D. Anzieu. (Bonnet, 1996, p. 75) [67]

No masoquismo é suscitada a excitação de todas as zonas erógenas, principalmente a da pele, mas o ápice do prazer é adiado, ou recusado, permanecendo o sujeito nesse tempo de suspensão, o que, pensando na negação desse prazer orgástico, pode ser compreendido também como uma forma de sofrer.

Uma nova classificação das perversões

Compreendendo as perversões a partir de seu potencial de transmitir mensagens inconscientes, Bonnet propõe então uma forma distinta de categorizá-las, levando-se em conta a relevância de cada elemento pulsional presente nessas sexualidades desviantes. Antes de partirmos para os pormenores dessa divisão, convém recapitularmos os outros arranjos já atribuídos à prática perversa.

A ideia de classificar as perversões data do fim do século XIX, com a famosa obra de Krafft-Ebing (1886/2000), *Psychopathia sexualis*. Essa classificação leva em conta apenas as perversões que causavam algum problema à sociedade da época, e distingue duas categorias: *as perversões de objeto*, nas quais o sujeito se satisfaz com um parceiro diferente daquele socialmente aceito (desde uma pessoa do mesmo sexo até a escolha de crianças ou cadáveres como investimento libidinal); e *as perversões quanto à finalidade*, quando o prazer é obtido exclu-

---

67 A obra do autor, intitulada *As perversões sexuais*, foi publicada no português europeu, e por isso optamos por manter a grafia desta edição em nosso texto.

sivamente a partir de atividades que geralmente são secundárias nas relações sexuais: olhar, mostrar-se, tocar, agredir o parceiro e outras.

Com a publicação dos *Três Ensaios sobre a Sexualidade*, em 1905, Freud modificou a forma de abordar e compreender as perversões, aproximando-as da normalidade. Embora sua contribuição sobre o tema não pudesse ser comparada às de outros autores que as descreviam detalhadamente, catalogavam e exemplificavam, tais como Krafft-Ebing, Moll, Magnan e outros, o artigo teve enorme repercussão na comunidade científica, e atualmente ainda é uma referência indispensável ao estudo desse tema.

Partindo desse novo ponto de vista, as tendências perversas estariam presentes em cada um, inclusive nas crianças, eclodindo em muitos dos sintomas encontrados na clínica psicanalítica. A sexualidade genital, cuja importância foi salientada nos trabalhos sobre as neuroses atuais, perdeu espaço para a sexualidade polimorfa quando Freud se deu conta de que muitas patologias estavam enraizadas em fantasias perversas recalcadas — que remetiam a uma forma diferente de acesso ao prazer cujo funcionamento se dava a pleno vapor durante a infância. Essa dinâmica da satisfação permanecia mesmo na idade adulta, e Freud percebeu isso relacionando as fantasias relatadas por seus pacientes àquilo que os psiquiatras descreviam nos manuais sobre as aberrações sexuais. A partir daí, a conclusão freudiana é a de que o inconsciente é habitado por desejos oriundos do campo da pré-genitalidade, da sexualidade infantil perversa.

É natural que os médicos que inicialmente estudaram as perversões em exemplos bem marcados e em condições especiais tenham-se inclinado a adjudicar-lhes o caráter de um sinal de degeneração ou doença, tal como havia ocorrido com a inversão. A experiência cotidiana mostrou que a maioria destas transgressões, no mínimo as menos graves dentre elas, são um componente que raramente falta na vida sexual das pessoas sadias, e que é por elas julgado como qualquer outra intimidade. Quando as circunstâncias são favoráveis, também as pessoas normais podem substituir durante um bom tempo o alvo sexual normal por uma dessas perversões, ou arranjar-lhe um lugar ao lado dele. Em nenhuma pessoa sadia falta algum acréscimo ao alvo sexual normal que se possa chamar de perverso, e essa universalidade basta, por si só, para mostrar quão imprópria é a utilização reprobatória da palavra perversão. Justamente no campo da vida sexual é que se tropeça em dificuldades peculiares e realmente insolúveis, no momento, quando se quer traçar uma fronteira nítida entre o que é mera variação dentro da amplitude do fisiológico e o que constitui sintomas patológicos. (Freud, 1905/1996a, p. 152)

Bonnet afirma que a classificação referenciada na normatividade não é mais suficiente no contexto atual, algo que Freud já percebera desde a publicação dos *Três Ensaios*, nos quais aborda a perversão tendo em vista a sexualidade pulsional (ou pré-genital), relativizando a importância dos valores sociais. O autor ressalta então a necessidade de uma classificação mais rigorosa e precisa, visto que geralmente são enquadrados nas perversões tanto comportamentos que desafiam meras convenções quanto as práticas sexuais mais assustadoras, gerando assim uma visão pejorativa da questão. Em suas palavras:

> A perversão se caracteriza pela ocorrência regular de pressões sexuais inconscientes, dificilmente controláveis, que encontram sua origem nos objetos persecutórios internos não identificados. (Bonnet, 2008, p. 102)[68]

Desse modo, ela é a reação do sujeito a essa força desconhecida, buscando uma via de acesso ao prazer e, ao mesmo tempo, uma forma de controlá-la. A característica típica de uma perversão não tem, *a priori*, nada de patológico: é a reprise de uma pulsão parcial infantil que o sujeito reinveste através de uma prática, um gesto ou um cenário. Da mesma forma, a cisão, outro mecanismo típico da perversão, também não deve ser considerada patológica em si, já que compõe quadros neuróticos clássicos.

De acordo com o autor, existe uma confusão nos textos freudianos entre pulsão e perversão. Com isso, ele quer dizer que o modelo de Freud em relação aos pares opostos da pulsão (sadismo-masoquismo, exibicionismo-voyeurismo) não é perfeitamente transponível

---

68 "(...) *la perversion se caractérise en général par la survenue régulière des poussés sexuelles inconscientes, difficilement contrôlables, qui trouvent leur origine dans des objets persécuteurs internes non identifiés.*"

ao campo das perversões. Em outras palavras, não se pode colocar na mesma categoria perversões que investem a mesma tendência pulsional, por exemplo: o voyeurismo e o exibicionismo, que se relacionam à pulsão escópica, não devem ser analisados sob o mesmo critério.

Segundo Bonnet, na economia libidinal perversa um novo modelo de satisfação sexual é construído, subvertendo cada um dos quatro elementos da pulsão.[69] Ele examina a relação de todos esses componentes na formação da perversão: a *pressão*, um impulso sem forma que assalta o sujeito repentinamente, trazendo uma imensa desordem a seu psiquismo; a *fonte*, seja um órgão ou zona erógena, que está ligada ao prazer de destruir e reconstruir que é próprio dessa economia psíquica; o *objeto*, que permite encenar a negação da diferença dos sexos,[70] acarretando prazer ao sujeito; e a *finalidade*, que é desafiar

---

69 Novamente, baseando-se na descrição freudiana da pulsão no artigo "Os instintos e suas vicissitudes", de 1915. Lembremos que nesse texto Freud os descreve da seguinte maneira: a **pressão** [*Drang*] pulsional é o fator motor, a quantidade de força, a medida de exigência de trabalho que atinge o psiquismo — "A característica de exercer pressão é comum a todos os instintos; é, de fato, sua própria essência" (Freud, 1915/1996c, p.127); a **finalidade** [*Ziel*] da pulsão, ou o fim, como chama Bonnet, é a satisfação, obtida através da eliminação da tensão que a origina — segundo Freud, a pulsão pode ter finalidades "mais próximas ou intermediárias, que são combinadas ou intercambiadas umas com as outras" (Freud, 1915/1996c, p. 128), e ele afirma ainda que a finalidade pode ser inibida, gerando apenas uma satisfação parcial; é através do **objeto** [*Objekt*] que este fim é alcançado pela pulsão, mas ele não conserva, originalmente, qualquer ligação com ela — o objeto é, portanto, bastante variável, podendo ser modificado de acordo com os caminhos pulsionais percorridos, porém, no início do desenvolvimento da pulsão pode ocorrer uma fixação dela com o objeto, restringindo seu caráter de mobilidade e se opondo ao desligamento, ao desintrincamento pulsional; e por fim, a **fonte** [*Quelle*] da pulsão pode ser reconhecida no processo somático que ocorre em um órgão ou outra parte do corpo, gerando um estímulo que atinge o psiquismo.

70 Este é um ponto no qual discordamos do autor. Pensamos que a perversão não se restringe aos movimentos de negação da diferença entre os sexos, e a concebemos mais como uma tentativa de destruir os limites entre sujeito e objeto, entre interno e externo. Estes movimentos frequentemente aparecem como condutas violentas, como a agressão física e/ ou psíquica, abuso sexual ou delinquência. Entretanto, outros comportamentos não tão marginalizados também podem refletir essa tendência perversa, como o voyeurismo, prazer em invadir a privacidade do outro, eliminando as fronteiras entre o perverso e o objeto, ou o exibicionismo, que conserva esse mesmo objetivo. Pensando que estamos inseridos num contexto cultural que tanto valoriza a imagem

os ideais compartilhados por todos que vivem em dada sociedade. Nesse contexto, a dinâmica, o tipo de atuação e as consequências de uma perversão irão diferir conforme o polo pulsional sobre o qual recai seu acento (a fonte, o objeto, a pressão, o fim). O autor sugere, então, a seguinte classificação:

— **perversões quanto à fonte**: são as formas em que o sujeito fixa o transbordamento libidinal intenso na zona erógena, buscando, dessa maneira, controlar a sexualidade pulsional em seu duplo papel de destruição e restauração. O corpo tem aqui um papel privilegiado, como demonstram o masoquismo ou a ninfomania. Tais perversões não costumam representar perigo para outras pessoas e geralmente são consideradas bizarrices, particularidades sexuais, raramente suscitando grande rejeição;

— **perversões quanto ao objeto**: são as formas de supervalorizar o objeto, projetando nele o transbordamento da pulsão, como no fetichismo, nos casos de donjuanismo e alguns tipos de homossexualidade. Idealizado, o objeto passa a representar, para o sujeito, sua única via de acesso ao prazer. Tais práticas costumam exercer grande fascínio no cenário social, pois demonstram a superestima objetal, tão comum nas relações amorosas cotidianas;

— **perversões quanto ao fim**: são as formas em que o sujeito desafia os ideais considerados essenciais na sociedade à qual pertence. Distinguem-se de acordo com a distância que mantêm ou não do objeto:
a) aquelas que operam à distância, sem nenhum perigo imediato, como o exibicionista, que viola o direito do outro à privacidade;

---

e o ato de se mostrar, é interessante pensar na dimensão perversa que existe nessa necessidade de ser reconhecido no olhar do outro. Bonnet discute estes aspectos em *Voir-être vu* (1981) e *La violence du voir* (2008).

b) os casos nos quais a atuação se dá de maneira direta e agressiva, como na pedofilia, na necrofilia, na violência contra os seres mais frágeis e/ ou animais.

Essas são as perversões impulsivas, que surgem em dado momento para o sujeito como uma necessidade, e podem ceder pouco a pouco ao automatismo da repetição. São comportamentos temidos, e dificilmente o perverso pode se livrar de tais afetos sem que sejam desvendados seus conteúdos inconscientes.

É interessante notar que, enquanto na classificação freudiana a pedofilia pode ser considerada uma perversão de objeto, na opinião de Bonnet ela se relaciona a um desvio da finalidade. O foco passa a ser a transgressão e o desafio à lei, e a questão do uso do corpo da criança como continente para defletir os restos não traduzidos da pulsão perde seu destaque. Acreditamos que essa categorização da pedofilia segue na contramão daquilo que o autor procura sustentar ao longo de todo o texto, a saber, a projeção de elementos intoleráveis para o perverso, por sua grande carga afetiva, fazendo do outro um cenário para expressar esses conteúdos inconscientes. Certamente, pode-se atribuir uma carga pulsional à tendência ao desafio; entretanto, nos aproximamos muito mais do realismo do inconsciente, para usar a expressão de Laplanche,[71] quando abordamos uma prática sexual desviante como esta a partir do próprio ato e daquilo que ele provoca, seja no sujeito, seja no objeto.

— **perversões quanto à pressão**: são as formas nas quais a pressão pulsional é erotizada por si mesma, atuando como um catalisador em relação ao prazer sexual. O autor cita como

---

71 Laplanche aborda esta questão no famoso artigo "O inconsciente: um estudo psicanalítico", publicado com Leclaire, e apresentado no Colóquio de Bonneval, na França, em 1960. Esse texto marcou um distanciamento entre a visão laplanchiana e a de Lacan, a partir das ideias de ambos sobre a concepção do inconsciente. Segundo Laplanche, este existiria para além do discurso no qual pode emergir, o que lhe confere uma realidade que ultrapassa a articulação significante. Esta hipótese demarca a ênfase do autor nos processos físicos de cuidados essenciais entre adulto e criança no início da vida, que imprimem suas marcas neste psiquismo em constituição.

exemplo o estupro repetitivo, situação na qual o sujeito impõe ao outro a penetração da qual se sente objeto. São perversões compulsivas, as mais graves e mais rejeitadas socialmente.

Confrontado com a impressão de que a pulsão primária sem forma e sem face o penetra e o invade de maneira insuportável, o estuprador se precipita sobre o sujeito para penetrá-lo, tão logo ele tenha ocasião de tentar exteriorizar esta força que o obseda, resultando talvez no assassinato para apagá-la totalmente na pessoa do outro. (Bonnet, 2008, p. 109)[72]

> Nas perversões cujo acento recai sobre o fim ou a pressão, encontra-se no psiquismo do sujeito uma clivagem impermeável. O perverso considera seu ato um segredo que não confia a ninguém, o que dificulta bastante o trabalho analítico. Em decorrência dessa cisão radical, a pulsão aproxima-se cada vez mais de uma "redução". Isso quer dizer que, segundo Bonnet, nas práticas impulsivas e/ou compulsivas o que há de mais especificamente humano, a diversidade pulsional, assemelha-se a um comportamento instintual destrutivo, a ponto de se confundir a perversão com a agressividade animal. No entanto, o autor menciona a *violência primária*, tese defendida por alguns psicanalistas,[73] e critica a ideia de uma violência anterior a qualquer processo no psiquismo humano, atribuindo-a aos restos não metabolizados das mensagens do adulto inoculadas na criança. Na perversão, esse componente agressivo é colocado a serviço da atuação compulsiva, desses conteúdos recalcados que se tornam rígidos e fixos, adquirindo traços mortíferos.

A organização do psiquismo perverso pode então ser ilustrada da seguinte maneira: de um lado, o eixo econômico, no qual as pulsões de morte, agindo a partir do que Bonnet chama de sexualidade fundamental (ou seja, os conteúdos disruptivos recalcados), se equilibram

---

72 "*Confronté à l'impression que la pulsion primaire sans forme et sans visage le pénetre et l'envahit de façon insoutenable, le sujet violeur se précipite sur le sujet à pénétrer dès qu'il en a l'occasion pour tenter de mettre hors de lui une force qui l'obsède, allant parfois jusqu'au meurtre pour l'effacer totalement en la personne de l'autre*."

73 Como Bergeret, J. (1990), e sua obra *La violencia fundamental: el inegotable edipo*. Fondo de Cultura Econômica. Madrid: Ediciones Gráficas Ortega.

precariamente com as pulsões de vida, que se expressam através das pulsões parciais; de outro, encontra-se o eixo dos significantes, ou das representações. A excitação suscitada no corpo da criança pela ação do adulto gera uma pressão pulsional, que, por sua vez, exigirá simbolizações, ainda que através do uso de outra pessoa como objeto.

Nesse primeiro eixo, sabemos que a sexualidade perversa se expressa através da eleição e do investimento de uma pulsão parcial, sendo que a intensidade deste comportamento depende do elemento pulsional que ganhará maior importância nesse contexto (alvo, objetivo, fim, pressão). As pulsões parciais características da sexualidade infantil são, então, reinvestidas de forma inalterada, sendo explicitamente apresentadas em atos e condutas específicas. Já no tocante às tendências perversas que compõem a sexualidade "normal", elas agem na clandestinidade, seja nas fantasias, seja nos sintomas, nos lapsos, sonhos etc.

Quanto ao objeto, este pode adquirir múltiplas formas, mas é sempre parcial, e o próprio sujeito se faz objeto para gozar de um outro: boca que suga um seio, nariz que procura determinado odor (Bonnet, 2008). Com isso, o autor pretende dizer que o perverso, ao fixar seu modo de satisfação sexual, termina também objetalizado, na medida em que encarna esse papel limitado, que serve apenas para se opor ao do outro. É por esta razão que a cena montada ressoa, tanto no aprisionamento do objeto, quanto no do próprio sujeito, servindo muitas vezes para aplacar as angústias do despedaçamento do ego.

Devido a esse potencial centralizador da perversão, Bonnet chama a atenção para a face positiva da sexualidade pulsional — a mensagem que ela veicula e as significações que não se pode traduzir e que, ainda assim, aparecem nos fantasmas, nos afetos, nas palavras. A outra faceta dessa sexualidade é seu caráter destrutivo, ou, conforme o autor, "quando a sexualidade pulsional fica a serviço da sexualidade fundamental, aquela do Isso, na qual a exigência de gozo permanece a despeito de tudo" (Bonnet, 2008, p. 138).

A sexualidade pulsional se caracteriza, então, pela estereotipia, pela "teimosia", podendo ser comparada às adicções. Isto se deveria ao que Bonnet chama de "além da mensagem", ou seja, mesmo que a mensagem tenha sido decifrada, interpretada no decurso de uma análise, e que lhe tenha sido dada a possibilidade de circular entre outros significantes, afetos e comportamentos, gerando ressonâncias sobre o psiquismo do sujeito, ela não pode ser totalmente abandonada. Desse modo, o objeto parcial, fonte de prazer para o sujeito, se torna fetiche, é idealizado, encarnando o índice que representa e trabalhando a favor da repetição.

> Estamos aqui entre Charybde e Scylla: de um lado o pulsional é recalcado, sua mensagem, não se quer saber nada sobre ela, e em todo caso ela retorna na forma de sintomas que incapacitam o sujeito; do outro lado, deixa-se que a mensagem fale, se exprima, caso em que ela suscita de repente uma outra angústia, mais profunda e devastadora, que entra em contato direto com a pressão [pulsional], levando o objeto a se tornar insubstituível e onipresente. (Bonnet, 2008, pp. 139-140)[74]

Percebe-se como a temática da adicção, já trabalhada por McDougall, também aparece na análise de Bonnet sobre a atuação perversa. O principal ponto aqui é a "coisificação" do outro e a necessidade de suplantar as falhas narcísicas do sujeito, dando vazão ao transbordamento pulsional e forjando a construção de fronteiras psíquicas, que funcionam apenas temporariamente. Estaríamos condenados, dessa maneira, a lidar com as agruras da cegueira pulsional que caracteriza a perversão? Não haveria saída para esse impasse do qual fala Bonnet, entre o "nada querer saber" sobre esses comportamentos compulsórios e a angústia devastadora, que exige o objeto a todo e qualquer preço?

Procurando responder a esta questão, apresentaremos no próximo capítulo a análise de um caso que dará certa densidade às nossas hipóteses e às teorias até aqui mencionadas, por revelar um processo de descoberta dos elementos inconscientes presentes num tipo de perversão.

---

74 *"Nous sommes là entre Charybde et Scylla: d'un côté, on refoule le pulsionnel, son message, on n'en veut rien savoir auquel cas il revient sous forme de symptômes invalidants; d'un autre côté, on le laisse parler, s'exprimer, auquel cas il suscite souvent une autre angoisse, plus profonde et plus dévastatrice, du fait qu'il se trouve en prise directe avec la poussée ou conduit à rendre l'objet recherché irremplaçable et omniprésent."*

Síntese

Com o objetivo de tornar a leitura do terceiro capítulo mais clara, consideramos interessante fazer um breve apanhado dos principais autores e teorias com os quais trabalhamos até agora. Para tornar este resumo mais dinâmico, o apresentaremos em forma de tópicos.

1. Primeiras ideias

As primeiras ideias que apresentamos foram as de McDougall, para quem a atuação perversa vai além de um tipo de padrão sexual, funcionando como base da identidade do sujeito. Observando certo modelo familiar nesses casos, a autora retrata a figura paterna como ausente ou incapaz de operar um corte no laço incestuoso e abusivo que a mãe mantém com a criança. McDougall descreve as lacunas existentes no ego do perverso — resultantes de sua impossibilidade de introjetar o objeto primário, de modo que seja necessário um índice externo que sirva de *objeto de transição*, ou seja, que garanta a unidade do eu e alivie a angústia experimentada pelo sujeito. Este índice se relaciona à prática perversa, já que, elegendo um comportamento sexual criativo e único, o sujeito estabelece algum tipo de contenção à invasão do psiquismo materno. Porém, vimos que, ao mesmo tempo em que refreia os avanços desse outro, a perversão conserva o caráter violento desse laço que ajuda a desfazer. Este é o duplo papel da cena primária reproduzida na atuação perversa: operar certo corte entre o psiquismo do sujeito e o do objeto e conservar esta ligação, erotizando um elemento que simbolize a indiferenciação.

2. A questão da indistinção

A questão da indistinção entre sujeito e objeto é também tratada por Roussillon, que classifica o comportamento perverso como uma das consequências possíveis de um traumatismo primário. Este último é decorrente da distância entre o infante, cujo psiquismo é incipiente e demanda cuidados, e a mãe, que não consegue suprir essas necessidades e proporcionar a ligação das excitações que atingem o sujeito. O malogro do trabalho materno opera no infante uma cisão do eu, impedindo que alguns conteúdos sejam representados em seu psiquismo. Assim, a partir da repetição e da reversão, o perverso faz com que seu objeto experimente os afetos que ele mesmo não consegue simbolizar, estabelecendo com o outro o que o autor chama de *relação transferencial paradoxal.*

Sabemos que nas primeiras relações objetais o representante materno ecoa os conteúdos internos do bebê, mediando esses elementos e propiciando sua metábole. No entanto, quando esta tarefa não é bem-sucedida, a criança é lançada a um estado de agonia e terror, no qual objeto real e representação não são destacáveis. Deste modo, percepção do mundo externo e realidade interna se equiparam, e o sujeito se defende dessas angústias psicóticas apelando para estratégias como: (1) a *neutralização energética*, que é o rebaixamento afetivo de toda e qualquer relação que ele empreende com a alteridade; (2) *fantasias de autoengendramento*, idealizando um estado no qual o outro não tem qualquer participação em seus afetos ou representações; (3) transferindo para o presente a experiência traumática do passado, seja pela erotização da situação vivenciada de abandono e sofrimento (masoquismo) ou pela via da projeção desses aspectos em outro objeto (sadismo).

Quanto ao sadismo, especialmente, Roussillon chama a nossa atenção para sua vinculação com impulsos extremamente arcaicos, como os movimentos destrutivos existentes no período em que o bebê tenta explorar a realidade à sua volta. Não tendo sido interpretados pelo objeto materno em seu potencial criativo, esses impulsos fomentam comportamentos agressivos, que podem chegar a se consolidar como um padrão nas interações do sujeito com o outro.

3. Conceitos winnicottianos

É interessante notar que tanto McDougall quanto Roussillon

partem de conceitos winnicottianos — tais como *holding, função de espelho do objeto materno* e *fenômenos transicionais* — dos quais, apesar de terem grande influência sobre as construções dos autores que utilizamos e de os considerarmos noções muito importantes no cenário psicanalítico, não empreendemos uma apresentação completa, já que tal tarefa ultrapassaria os limites propostos neste trabalho. Em função disso, faremos uma sucinta referência a estes conceitos a fim de preparar o leitor para o encontro com outras ideias de Winnicott ao longo do próximo capítulo.

3.1 *Holding*

Para Winnicott (2001/1960), *holding* é um termo que designa a função materna de amparar o bebê, atendendo às suas necessidades e favorecendo seu desenvolvimento. Esses cuidados criam, na criança, a sensação de que existe alguém à sua disposição, protegendo-a da ameaça mais básica: o "medo de cair para sempre, de perder o chão, metáforas do medo de perder a sustentação afetiva e sentir-se abandonado" (Cintra, 2003, p. 38). O *holding* compreende a oferta de um ambiente de sustentação não autoritário que se adapte às necessidades do infante, permitindo a manifestação de sua singularidade. Está ligado à empatia materna e à atenção à sensibilidade cutânea, auditiva, visual e tátil da criança, ou seja, aos aspectos fisiológicos, que, nessa etapa, ainda não se diferenciaram dos psíquicos.

Essa preocupação materna contribui também para a *função de espelho* desempenhada pelo objeto primário.

3.2 Função de espelho

Através de gestos, troca de olhares, entonações e timbres de voz, a mãe cria uma linguagem primitiva, que propiciará a ressonância afetiva, suficiente para gerar na criança novos sentidos e significações. Em outras palavras, quando olha para o rosto materno o bebê vê a si mesmo, vê a percepção de si refletida nesse objeto. Nesse período, o olhar para fora, voltar a atenção para o meio ambiente, é um sinal da procura do bebê pela confirmação da própria existência, da busca por outros olhos que o vejam. Só mais tarde a criança terá condições de ver ao olhar, ou seja, de perceber o objeto em seus aspectos reais.

Tal capacidade depende do desenvolvimento maturacional do bebê e do estabelecimento dos *fenômenos transicionais*.

3.3 Fenômenos transicionais

Os fenômenos transicionais caracterizados pelo autor como "a área intermediária de experiência, entre o polegar e o ursinho, entre o erotismo oral e a verdadeira relação de objeto, entre a atividade criativa primária e a projeção do que já foi introjetado" (Winnicott, 1975/1971, p. 14). São processos primitivos de experimentação entre a realidade interna e a externa, um espaço de ilusão no qual, a partir da manipulação de um objeto real (parte do próprio corpo, boneco, cobertor), a criança passa do controle onipotente e mágico para a aceitação da realidade externa e de seu aspecto incontrolável. Esta mudança é propiciada pela tarefa materna de, gradativamente, desiludir o bebê, criando a necessidade de que um elemento intermediário seja usado para aplacar as ansiedades dele até que possa recorrer a mecanismos como o fantasiar e o sonhar. Desse modo, um objeto transicional torna-se indispensável ao bebê durante um período, sendo mais tarde difundido no campo cultural. O objeto não será, então, introjetado, mas passará a ocupar todo o território entre a realidade interna e a externa. Ou seja, lidamos aqui, muito mais com uma expansão dessa área interposta do que com a completa absorção desses índices transicionais, o que revela a abertura do infante em relação ao meio ambiente. Winnicott observa que um objeto transicional pode se transformar em um fetiche, persistindo como característica sexual da vida adulta. Embora não forneça mais detalhes acerca deste deslizamento, a constatação do autor é trabalhada por McDougall, que explora as semelhanças entre os fenômenos transicionais e a sexualidade desviante.

4. A contribuição de Bonnet

Bonnet (2008) trouxe uma contribuição interessante ao debate sobre a perversão ao problematizar nesses casos a questão da sedução. Partindo da T.S.G. de Laplanche, o autor ressalta o caráter projetivo do comportamento perverso, afirmando que serve apenas como uma maneira de escoar as pulsões que atacam internamente o psiquismo do sujeito — incrustadas a partir de seu contato com o outro nas primeiras relações objetais. Esta sedução, exercida pelo adulto, provoca um grande trauma no psiquismo do infante quando é interrompida bruscamente, e o sentimento de abandono vivenciado pelo sujeito dá origem a uma fantasia de vingança na qual o sofrimento e a angústia experimentados são direcionados ao outro.

Para Bonnet, o comportamento perverso contém várias mensagens que aportam fragmentos das fantasias inconscientes do outro que penetraram o sujeito ainda nas relações primárias, e não puderam ser simbolizadas. Essas mensagens podem ser interpretadas pelo analista que se predispõe a escutar o perverso para além de suas atuações, convocando-o a encontrar uma nova maneira de manter contato com o mundo externo — não através da violência ou de uma postura vingativa. É válido lembrar que Bonnet faz uma leitura laplanchiana da sexualidade perversa, o que significa que a influência da alteridade será privilegiada na formação da patologia e, por isso mesmo, o masoquismo deve ser tomado como o paradigma da perversão.

Capítulo 3 – O caso "Dexter":
Violência como negação da passividade

Em outubro de 2006, nos Estados Unidos, o canal Showtime exibiu o primeiro episódio de um seriado que teria grande repercussão sobre o público americano, tornando-se, mais tarde, um enorme sucesso mundial. Baseados no romance de Jeff Lindsay,[75] os doze episódios que compõem a primeira temporada de "Dexter" contam a história do analista forense Dexter Morgan, especialista em padrões de dispersão de sangue na Divisão de Homicídios do Departamento de Polícia de Miami. Filho adotivo de Harry, policial reconhecido por sua conduta impecável neste mesmo departamento, Dexter divide seu tempo entre o trabalho e outra atividade que executa compulsivamente: a procura de criminosos que não foram punidos pelo sistema judiciário e a comprovação da responsabilidade deles nos respectivos crimes e subsequentes assassinatos.

Entre os personagens importantes da história estão: Debra, irmã de Dexter, filha legítima do casal Morgan, que trabalha como policial infiltrada; Rita, namorada do personagem principal, e seus dois filhos, Cody e Astor; e alguns colegas do departamento, como o Sargento Doakes, que desconfia do temperamento comedido de Dexter, e a Tenente LaGuerta, chefe da equipe, que se mostra atraída por ele. Além destes, Harry, já morto na época em que se passa o seriado, aparece em vários momentos ao longo dos episódios através das recordações do personagem, compostas por cenas que ilustram bem a convivência entre pai e filho.

Podemos começar nosso relato descrevendo a qualidade das relações que Dexter estabelece com cada uma das figuras relevantes

---

75 Lindsay, J. (2004) *Darkly Dreaming Dexter*. New York City: Doubleday.

de sua história. Abordaremos, primeiramente, a postura de Dexter no Departamento de Polícia de Miami. Após cursar a faculdade de medicina, ele decide se especializar, tornando-se perito no departamento de homicídios; seu trabalho consiste em avaliar, tanto em cenas de crime quanto através de exames laboratoriais, como os padrões de dispersão de sangue podem sugerir determinados tipos de ferimentos, uso de armas específicas e até características físicas do(s) autor(es) — como altura, peso e posição no momento da agressão etc. Dexter se sente confortável em sua profissão, e uma de suas frases mais repetidas é: "O sangue conta uma história".

Apesar de mostrar-se completamente à vontade em suas atividades, nota-se que Dexter escolheu esse trabalho também como uma maneira de ter acesso a arquivos policiais (o que consegue mantendo uma amizade com a funcionária responsável por eles, para a qual sempre leva presentes), encontrando pessoas que cometeram repetidamente crimes que considera imperdoáveis — sempre envolvendo um assassinato cuja vítima é um "inocente" —, podendo, então, prosseguir com sua atuação. A fim de não levantar suspeitas, Dexter se esforça para ser gentil, calmo e prestativo, mas também se mantém extremamente reservado no ambiente profissional. Conforme mencionamos acima, apenas Doakes parece não acreditar na fachada exibida pelo personagem. É interessante notar que o próprio Sgto. Doakes é retratado como um policial truculento, que tem dificuldades de lidar com os limites entre seu trabalho e o sadismo, de modo que poderíamos apostar que é pela via do reconhecimento, da identificação com algum rastro de violência percebido em Dexter, que se estabelece seu incômodo com o personagem.

O comportamento discreto de Dexter visa evitar chamar a atenção para si, evitando também que se levante qualquer suspeita a respeito de sua rotina, seus afazeres para além do trabalho e sua vida íntima. Assim, não mantém qualquer ligação emocional intensa, seja no plano amoroso, no sexual ou mesmo no familiar. É por isso que não cede às recorrentes tentativas de sedução de sua chefe, Ten. LaGuerta, e que escolheu Rita como parceira — mulher traumatizada com os constantes maus-tratos do ex-marido e que se recusa a ter uma vida sexual com o namorado. A distância afetiva, e até mesmo certa formalidade que se observa entre o casal, são fatores apaziguadores para Dexter, que, desse modo, sente que mantém o controle da situação.

Astor, uma pré-adolescente, e Cody, com seis anos de idade, filhos de Rita com um homem violento e usuário de drogas, veem em Dexter uma referência masculina, demandando dele cuidados e afeto. Receptivo às carências das crianças, ele passa parte de seu tempo com elas, procurando agradá-las com doces e brincadeiras, além de auxiliar Rita na educação e na transmissão de valores aos filhos. Mas, das narrações que muitas vezes desvelam para o espectador os pensamentos inconfessáveis de Dexter, podemos depreender que o personagem apenas simula ter afeição pelas crianças.

Esta é também sua postura em relação à Debra, que conta com as opiniões do irmão para se destacar no cenário profissional, já que pretende galgar o posto de detetive, exatamente como seu pai. Para Dexter, sua irmã é a pessoa da qual se sente mais próximo, apesar de confessar que tampouco por ela nutre sentimentos verdadeiros.

Sem dúvida, é apenas com seu falecido pai que o personagem mantém um relacionamento emocional intenso e complexo. Para Dexter, Harry era o único que o conhecia verdadeiramente, e o fato de o pai tê-lo orientado a respeito de como direcionar seus impulsos agressivos foi determinante em sua vida, poupando-o de "ter assassinado várias pessoas na juventude, só para ver o sangue escorrer" ("Dexter", temp. 1, ep. 3, 26:06 a 27:17). Figura extremamente idealizada, Harry encarna o objeto onipotente na vida psíquica de Dexter: excelente policial, homem honesto, marido dedicado, e, principalmente, o pai atencioso que foi capaz de identificar no filho adotivo traços mórbidos que as outras pessoas ignoravam, amando-o apesar disso. Várias são as cenas nas quais é mostrada a ligação entre os dois, ainda durante a infância de Dexter ou mesmo em sua adolescência. Escolhemos duas, ambas do primeiro episódio, para nos determos mais detalhadamente.

Na primeira cena (Dexter, temp. 1, ep. 1, 06:56 a 07:24), Dexter aparece com aproximadamente dez anos de idade, e seu pai o questiona a respeito de um cachorro da vizinhança que desaparecera. Harry afirma ter encontrado uma cova com ossos enterrados, e a criança então justifica ter matado o animal por causa do barulho que fazia, incomodando sua mãe, que se encontrava muito doente. Harry prossegue: "Havia muitos ossos lá, Dexter. Não apenas os de Buddie". Na sequência (21:45 a 22:22), Harry pergunta ao filho se ele já pensara em matar algo "maior que um cachorro, como, por exemplo, uma pessoa". O menino confirma, e o pai insiste, questionando por que não matara. Dexter responde que não o fizera por pensar que os pais não gostariam disso. O que desejamos ressaltar aqui, mais do que o diálogo entre os dois, é a expressão do pai da criança, que, visivelmente assustado, tenta confortá-la.

Tal semblante também aparece na outra cena (temp. 1, ep. 1, 29:09 a 31:50) à qual nos reportamos: já adolescente, Dexter é confrontado pelo pai quando este encontra entre seus pertences um conjunto de facas de caça, algumas ainda manchadas de sangue. O filho afirma que só mata animais, mas Harry sente que os impulsos violentos do garoto estão saindo de seu controle, ainda que tente conversar com ele sobre isso. Propõe, então, que "canalizem" essa violência, já que não podem interrompê-la. Vale a pena transcrever parte do diálogo, que começa com Harry interpelando Dexter:

> "Filho, existem pessoas lá fora que fazem coisas muito ruins. Pessoas terríveis. E a polícia não consegue pegar todas elas... Entende o que estou dizendo?"
> "Está dizendo... que merecem morrer."
> "Isso mesmo. Mas é claro que você tem que aprender a identificá-las, a cobrir seus rastros. Mas posso te ensinar."
> "Pai..."
> "Tudo bem, Dex. Você não pôde evitar o que houve com você [referindo-se a experiências anteriores à sua adoção], mas pode tirar o melhor disso." (Dexter, temp. 1, ep. 1, 29:09 a 31:50) [trecho temporal do diálogo]

Cabe aqui informar ao leitor que Dexter fora adotado aos três anos de idade e, embora Harry mencione algumas vezes que o filho teria tido experiências anteriores que influenciaram diretamente a construção de sua personalidade, quase nenhuma outra menção é feita às vivências da criança nesse período. Não se sabe quem são seus pais biológicos, ou por que foi adotado. Mesmo a mãe adotiva de Dexter é lembrada poucas vezes, ficando claro apenas que morrera de câncer durante sua infância.

As recomendações de seu pai se tornam essenciais para Dexter, e passam a moldar suas interações no cenário social. Umas delas é a de que o filho "se encaixe", o que significa fazer de tudo para parecer o mais comum possível, sem atrair a atenção dos outros para seu comportamento. Pensando assim, Harry aconselha o personagem a se mostrar alegre e entusiasmado em programas familiares, ainda que não esteja, a esquivar-se de qualquer tipo de violência no contexto escolar, para não ser visto como agressor, e até mesmo a tentar demonstrar interesse por meninas da sua idade, como a maioria de seus colegas. Estas orientações seriam maneiras de ajudar o filho a esconder "a escuridão" — segundo o termo de Harry — que o habita, evitando que fique exposto e algum dia seja descoberto, responsabilizado e penalizado por seus crimes. Apesar de se revelarem medidas eficazes em termos práticos, percebemos que elas acabam por dar a Dexter a sensação de certa artificialidade em suas vivências sociais, distanciando-o das outras pessoas e dificultando o acesso a seus próprios sentimentos. Reprimindo os impulsos sádicos e as dificuldades que encontrava em estabelecer ligações afetivas com os outros, Harry não estaria também privando o filho de seus conteúdos internos, e de buscar uma forma de lidar com essa destrutividade através da sublimação?

Talvez esta instrução — quase uma proibição — tenha contribuído enormemente para a instauração de uma sensação de vazio psíquico relatada por Dexter em diversos momentos, sensação esta que aparece sempre atrelada à sua percepção de que desconhece as regras de convivência com as outras pessoas e não consegue compartilhar da dor ou felicidade que demonstram sentir.

Observamos, então, que o "código Harry" organiza o psiquismo do personagem determinando padrões de comportamento a serem seguidos, condutas aceitáveis e inaceitáveis e até a escolha de suas vítimas. Sua atuação é organizada e meticulosa, baseada nos ensinamentos do pai, policial experiente, sobre como ocultar os vestígios dos assassinatos que comete.

Nesse ponto, parece-nos interessante esboçar para o leitor o cenário montado por Dexter no momento dessas execuções, para que fiquem claros certos aspectos de sua dinâmica psíquica: ao definir onde matará a vítima, certifica-se de que não será interrompido durante a tarefa e recobre todo o espaço interno do local com plástico, dispondo suas ferramentas de trabalho bem organizadas sobre uma banqueta e utilizando uma mesa ou cama para alocar sua presa, ainda viva, porém despida, imobilizada pela ação de fortes tranquilizantes. Dessa maneira, Dexter pretende deixar o cenário exatamente como estava antes de sua chegada, sem qualquer pista ou sinal que possa identificá-lo. Outros elementos que insere nesse espaço são as provas da autoria dos crimes cometidos por suas vítimas (geralmente fotos de cadáveres), sendo estas então confrontadas com o material e obrigadas a confessarem seus feitos. Por fim, o personagem faz um pequeno corte no rosto de cada vítima, recolhendo uma gota de sangue que será catalogada e guardada em sua casa. Quase sempre esfaqueia sua presa no coração, levando-a à morte rapidamente. Após o assassinato, o personagem esquarteja o corpo, colocando as partes em sacos que desova no oceano usando o barco que possui.

Fica evidente, após essa descrição, o alto grau de organização com o qual pode operar seu psiquismo, tecendo um planejamento complexo de cada passo de seus atos agressivos. Esta constatação poderia levantar questionamentos a respeito do caráter compulsivo-compulsório da atuação do personagem: se ela é tão bem articulada, poderíamos, ainda assim, trabalhar com a hipótese de conteúdos inconscientes que impulsionam seu comportamento?

Retornemos a algumas concepções de Bonnet (2008) acerca da perversão, especialmente quando o autor fala em sadismo mortífero, que diferencia da pulsão sádica. Conforme vimos no segundo capítulo, o perverso, para o autor, abriga elementos inconscientes resultantes da sedução originária, que não foi suficientemente mediada pelo objeto, redundando na internalização de objetos perseguidores que excitam e atacam o ego do sujeito e levando-o a responder a essas sensações através da violência. O desejo de submeter o outro à dor faz com que, através do mecanismo de identificação projetiva, o perverso desfrute do sofrimento que provoca, sendo remetido às suas próprias angústias.

Nos capítulos anteriores discutimos bastante essas angústias, cujos conteúdos são de desmoronamento egoico, invasão e perseguição. Tanto McDougall (1997b) quanto Roussillon (1999) trazem esse ponto, enquanto Bonnet salienta a pressão pulsional exercida pelas mensagens não metabolizadas enxertadas no sujeito através do contato com o outro. No seriado, uma cena (temp. 1, ep. 6, 23: 56 a 26:00) ilustra muito bem esse estado de agonia. Nela, Dexter tem seu primeiro sonho de angústia, embora já na idade adulta: seu pai aparece convidando-o a entrar em casa para se abrigar de uma forte tempestade que se anuncia. Dentro do apartamento, Harry apresenta, ainda viva, a última vítima do filho, que cede lugar para que então este seja colocado na posição de dominado. Amarrado, como costuma fazer com aqueles que mata, Dexter vê a irmã assumir o papel de agressor, desempenhando seu ritual mortífero. Ela colhe uma gota de seu sangue, mostrando-se desapontada por não ter conhecido antes sua verdadeira identidade. No fim do sonho, Debra pede ao personagem que diga suas últimas palavras, o que ele não é capaz de fazer. Ela então afirma que já sabia que esta seria a reação do irmão, acertando nele um golpe certeiro, com uma grande faca. Um dos aspectos relevantes do sonho é a parceria existente entre Debra e um outro personagem, um assassino em série desconhecido[76] que possui informações privilegiadas sobre o passado de Dexter.

Nessa cena, temos uma amostra das fantasias masoquistas que povoam o psiquismo de Dexter — cuja identidade assenta-se sobre a violência ritualizada, sobre a submissão do outro e o prazer dela extraído —, fazendo com que se veja encurralado na armadilha preparada pelos que o cercam e que conhecem, ou podem vir a conhecer seus impulsos agressivos. Mais uma vez, aparece a ideia de que não é permitido ao personagem partilhar seus estados internos e seus sentimentos sem que isso tenha um desfecho trágico: ou sua verdade assus-

---

76 "The Ice Truck Killer", como é chamado o autor dos assassinatos de várias prostitutas na periferia de Miami, cuja "assinatura" é a forma com que trata os corpos de suas vítimas: drena todo o sangue e dispõe as partes em algum local público de grande visibilidade, embrulhadas com bastante cuidado. Seu apelido se deve à suposição dos investigadores de que o assassino comete seus crimes em um caminhão refrigerado, usado para diminuir o fluxo sanguíneo das vítimas. Embora não seja revelada sua identidade, o personagem mantém uma estranha ligação com Dexter, deixando-lhe mensagens que sugerem seu conhecimento sobre a prática perversa deste último.

ta e afasta os outros, ou eles se transformam em objetos persecutórios e destrutivos, dispensando-lhe a violência que permeia suas atuações.

O fato de não conseguir expressar suas últimas palavras no final do sonho não poderia ser interpretado como uma impossibilidade do personagem de traduzir em forma de pensamentos as mensagens enigmáticas que carrega, introduzindo-as no jogo simbólico? Ou seja, não seria a expressão da angústia de Dexter por se sentir condenado a lidar com esses conteúdos exclusivamente pela via da repetição?

Bonnet (2008) sugere que a fonte de maior sofrimento na perversão é uma quebra repentina na relação com o objeto primário, levando o sujeito, excitado pela ação deste, a encontrar por si mesmo uma maneira de dar vazão a essas pulsões. Dessa forma, a criança expressa o abandono sofrido através de uma atuação pulsional, tentando inverter o estado de passividade no qual se encontra. Quando o adulto não é capaz de proporcionar modos mais sublimados de operar a excitação que atingiu a criança — seja por ter dispensado a ela um tratamento indiferente ou violento, seja por não ter podido estar presente —, o infante pode estruturar seu psiquismo a partir de um desejo de vingança, impondo a outros objetos o sofrimento que experimentou. Pensamos que Dexter age dessa forma quando escolhe matar pessoas às quais dispensa um julgamento tão rigoroso quanto o que recebia de Harry. Afinal, acreditar que o filho é habitado por uma violência extrema e incurável é também condená-lo da pior maneira possível, negando a este sujeito o reconhecimento de outras facetas de sua personalidade que poderiam ser valorizadas e desenvolvidas.

Notamos que, ao ensiná-lo a dissimular sua destrutividade, o pai de Dexter reconhece seus impulsos violentos e busca garantir sua segurança. E embora se mostre empenhado na educação do filho, mantendo com o personagem uma postura protetora e amorosa, Harry parece identificar nele algo de irrecuperável, uma violência crua, quase instintiva, que não pode ser interrompida, transformada ou elaborada — pode, quando muito, ser canalizada. Tais interpretações das fantasias agressivas da criança o levam a retratá-la como uma espécie de "monstro" ou "aberração", que não tem outra saída a não ser esconder-se sob um falso self.

Isso nos leva a perceber que Harry, certamente, projeta conteúdos sádicos e disruptivos de seu próprio psiquismo, atribuindo-os à "natureza" do filho. Bonnet (2008) insiste muito nesta interpretação da perversão quando aborda as manifestações perversas na infância ou resgata a noção de perversão transitória, cujo surgimento é comum na adolescência. Para o autor, se algum traço da sexualidade está sendo superinvestido, deve-se verificar quais mensagens o estão fazendo eclodir, que impedimentos de tradução ou de veiculação fantasmáticas ele sofre para ser atuado com tanta frequência. Esses conteúdos provêm sempre das vivências do infante com os objetos primários, com a cota pulsional excessiva que estes direcionam ao psiquismo incipiente do sujeito. Portanto, para o autor, é necessário que a criança exteriorize essas mensagens não decifradas.

Bonnet traz ainda a interessante observação de que nem sempre são apenas as vítimas e os algozes que se encontram fixados em mecanismos de repetição compulsiva da cena traumática: testemunhas, profissionais que lidam com esses casos diariamente, buscando um tipo de intervenção, também estão sujeitos a serem invadidos pelos elementos disruptivos dessa violência. Lembremos, então, que Harry exerceu o ofício de detetive policial durante muitos anos, e, apesar de sua reputação ética inabalável, em algumas cenas comenta com o filho sua frustração acerca da impunidade de alguns criminosos. Não estaria, assim, negando seus traços sádicos, em detrimento da identificação desses impulsos na conduta do filho?

Pensando na afirmativa de Bonnet sobre o caráter traumático da ruptura da relação entre sujeito e objeto primário, podemos ressaltar ainda, como fator desencadeante de grande quantidade de angústia, o fato de seu pai ter sido a única pessoa com a qual Dexter foi capaz de se envolver emocionalmente, deixando-lhe, após seu falecimento, a sensação de que se encontrava totalmente desvinculado afetivamente das outras pessoas. O autor menciona que a atuação perversa pode também ter a função de tentar restabelecer o contato com esse objeto ausente, pois a repetição compulsiva conserva traços da ligação que existira entre a dupla. Ao que nos parece, Dexter encarna as projeções sádicas de Harry, e, dessa forma, mantém o contato com a sombra deste pai distante.

Como vimos no capítulo anterior, Bonnet (2008) discute essa

dificuldade de partilhar sentimentos e pensamentos que parte tanto do próprio perverso, que busca se isolar a fim de manter em segredo seus rituais compulsivos, quanto da sociedade, que tende a recusar toda espécie de ligação a estes sujeitos, considerando-os incapazes de experimentar qualquer emoção. Apesar dessa visão leiga a respeito do perverso, o autor nos adverte de que ele não ignora os afetos, mas, sim, age de maneira a projetá-los no objeto, buscando o controle dos mesmos pela via da dominação do outro. Sabemos que, pelo código transmitido por seu pai, Dexter mata outros assassinos que se mostram incapazes de domar seus impulsos violentos, e, desse modo, parece inverter sua sujeição em relação à própria atuação: são os outros, as vítimas do personagem, que não contêm suas pulsões, enquanto ele, seguidor de regras bem estabelecidas, acredita desse modo atingir o autocontrole. Podemos dizer, portanto, que no psiquismo de Dexter o afeto é confundido com o objeto. O ódio, a passividade, o caos, a desordem e a destrutividade devem ser eliminados, assim como os que cometem crimes que envolvem tais sentimentos.

Tais elementos fragmentadores tendem a ser projetados para fora do sujeito ou radicalmente cindidos de seu psiquismo, como nos mostra uma instigante cena (temp. 1, ep. 8, 36:34 a 39:54) na qual Dexter consulta um psiquiatra cuja conduta ética o intriga. Pesquisando a respeito do trabalho do Dr. Meridian, o personagem desconfia de que este tenha um mórbido fascínio pelo estado depressivo de algumas de suas pacientes, contribuindo de alguma forma para o suicídio delas. Com o objetivo de testar sua teoria, Dexter se apresenta ao terapeuta como um homem frágil, sofrendo com problemas em seu relacionamento amoroso. Conta que tem certa resistência a se envolver afetivamente, escondendo-se sob uma aparência que não condiz com o que realmente é, e que não consegue ter relações sexuais com a namorada, temendo perder o controle da ligação que mantêm. É curioso notar que, ainda que o personagem tenha a intenção de desmascarar o psiquiatra, adotando uma identidade fictícia para se submeter ao tratamento, Dexter fala de várias questões que são fonte de sofrimento e angústia em sua vida real. Isto não indicaria que, em outras circunstâncias, algum trabalho terapêutico poderia ser empreendido, invalidando, portanto, a ideia de que nada modificaria seu estatuto de assassino em série?

Mas o ponto mais interessante da cena nos parece ser outro: o Dr. Meridian interpreta que o personagem não se envolve sexualmente com sua namorada pelo mesmo motivo que o leva a afastar as outras pessoas, ou seja, por medo de que elas não o aceitem como é. Sugere que, se essa defesa e suas causas não forem suficientemente analisadas, o paciente não conseguirá modificar essa situação, e propõe que Dexter participe de uma sessão de relaxamento na qual tentará se lembrar de episódios nos quais se sentiu impotente, durante toda a sua vida. Inicialmente, o personagem se nega a fazê-lo, mas, pouco a pouco, começam a surgir em sua mente flashes de cenas nas quais alguns colegas o intimidavam e o agrediam na adolescência; outras mostram suas tentativas de vingança em direção a esses rapazes, interrompidas e duramente reprimidas por seu pai; outras ainda se relacionam ao assassino em série que parecia persegui-lo e saber sobre seu passado; e, finalmente, imagens que apresentam uma criança chorando, sentada numa poça de sangue. Bastante perturbado por estas lembranças, Dexter deixa o consultório subitamente.

Toda essa sequência ilustra a clivagem psíquica do personagem, e o contato com estes conteúdos se mostra excessivamente fragmentador. O que ocorre é que, para ele, sua prática sádica não está relacionada a essas fantasias e angústias masoquistas, pois isso demandaria um importante trabalho de reflexão e elaboração psíquica. A atuação funciona, então, como um mecanismo egossintônico, e, poderíamos até mesmo dizer, unificador de sua identidade, fazendo com que se sinta "real", "verdadeiro", em contraponto às suas impressões de artificialidade nas relações sociais. Quando o terapeuta solicita uma espécie de catarse do personagem, fazendo com que não apenas tente pensar nesses elementos que provocam descontrole emocional, mas também sinta essa sensação de passividade, Dexter não suporta fazer esta conexão, abandonando a sessão, atordoado.

Esta questão da catarse é também levantada por Bonnet (2008), que acredita ser impensável qualquer sucesso terapêutico sem que a cota de afeto correspondente a esses fantasmas venha à tona. Cabe ainda dizer, sobre este ponto, que nas temporadas seguintes do seriado a capacidade elaborativa de Dexter aumenta, e, consequentemente, o número de assassinatos diminui, trazendo, porém, um aumento de angústia ao psiquismo do personagem, que já não recorre com frequência ao ato para aliviar seus impulsos agressivos. Esse nos parece ser um sinal de evolução, tanto no que se refere ao modo com que ele se percebe, como ao que consegue depreender do(s) objeto(s), já que a cisão é um dispositivo aplicado tanto interna quanto externamente. Assim, quanto mais integrado o psiquismo do personagem, e, portanto, menos baseado na divisão do ego, mais ele poderá entrar em contato com suas partes frágeis, com os aspectos criativos e construtivos de sua personalidade, e também com as contradições éticas e morais que habitam os outros, tornando-os objetos totais, complexos, repletos tanto de tendências destrutivas quanto positivas.

McDougall (1983b) se refere à perversão destacando a invasão do objeto primário no psiquismo do sujeito, que, por sua vez, tenta escapar dessa sujeição criando uma conduta sexual desviante e repetitiva. O modelo familiar que nos relata — a figura materna ocupando esse lugar de domínio sobre o infante e o representante paterno incapaz de obstruir esse processo — pode ser encontrado no caso de nosso personagem, mas de modo invertido, pois, para Dexter, é a figura de seu pai que exerce esse comando em relação a seus conteúdos internos, projetando suas próprias fantasias e elementos inconscientes fragmentadores sem que um aporte narcísico suficiente seja também veiculado.

Em compensação, o papel da mãe adotiva quase não é mencionado. Nenhuma cena nos mostra a sua percepção sobre qualquer traço de inibição afetiva ou de agressividade na criança, e nem mesmo temos notícia de algum momento em que ela tenha tentado se aproximar do filho psiquicamente, mantendo uma relação de intimidade com ele. A ausência de referências a Dóris, contrastando com os numerosos flashbacks nos quais Harry aparece, indica que ela não foi uma figura muito presente ou relevante durante a infância do personagem.

A idealização do pai funciona exatamente conforme o que a autora descreve quanto ao temor do sujeito de que o objeto se aproprie de todos os seus conteúdos, esvaziando-o de sua própria subjetividade. Ou seja, a fantasia do objeto primário todo-poderoso mantém encobertos o ódio e o medo que essa figura provoca na criança. Esse tipo de defesa pode ser reconhecido na visão unidimensional que o personagem tem de seu pai adotivo, que o impede de criticar suas ações e o "código" que este lhe transmitiu.

Todavia, é interessante notar que, ao longo de seu percurso, Dexter começa a questionar o vínculo com Harry, pensando que, a despeito de todas as suas recomendações, este não o preparou para a solidão que o atinge, deixando-o desconectado das outras pessoas. Esses pensamentos ganham maior densidade quando o personagem descobre um dado novo sobre seu passado: a morte de seu pai biológico — do qual herda uma propriedade — acaba trazendo-lhe lembranças de um período anterior à sua vida com a família Morgan. Investigando a história desse outro pai, o personagem descobre alguns pontos de semelhança com sua própria vida. Este homem também era solitário; possuía um passado marcado pelo crime, visível em suas tatuagens feitas na prisão, mas, apesar disso, aqueles que o conheciam relatam a Dexter que ele se mostrava sempre calmo e prestativo. Esses índices identificatórios, nos quais Dexter se reconhece, o deixam mais intrigado a respeito do que teria levado Harry a adotá-lo, ou ainda, do que teria vivenciado nessa época para que o pai adotivo lhe escondesse esses fatos.

Comentamos no primeiro capítulo que na perversão, segundo McDougall (1997b), a identificação do sujeito com as figuras parentais encontra-se obstruída, de modo que a invenção de uma nova sexualidade se torna o núcleo de sua subjetividade. Apresentamos também algumas dúvidas acerca da fragilidade identificatória nesses casos, interrogando se a eleição de uma identificação fictícia e caricatural, da qual fala a autora, já não seria um vestígio de que esses processos não sofrem um impedimento total.

Estamos mais inclinados a relacionar o fracasso dos movimentos identificatórios a uma defasagem do trabalho de designação e de reconhecimento do infante como sujeito, deixando-o à mercê das excitações resultantes do contato com o adulto. Quando esse trabalho — que deve ser realizado pela figura materna — não ocorre, deixa um rastro de incapacidades simbólicas, como podemos observar nas escolhas objetais e nos comportamentos que dão amparo narcísico ao sujeito na perversão: eles sempre remetem à ausência do objeto primário como mediador, organizador das pulsões. Portanto, levantamos a hipótese de que a precariedade da identificação pelo adulto conduziria o perverso à pura reprodução da assimetria radical do início da vida do bebê, como é possível notar na atuação compulsiva de Dexter. A cena que monta frequentemente, na qual se encontra frente a frente com outro sujeito totalmente subjugado, nos mostra exatamente essa reprise da passividade do infante diante de um adulto que obtém o domínio de seu corpo e psiquismo.

Seria preciso, então, admitir que, ainda que as mensagens enigmáticas — como aquelas contidas no "código" que Harry faz com que o filho introjete — veiculem elementos com certo potencial unificador, apaziguador, egossintônico, nas perversões esse trabalho de demarcação das fronteiras do eu não é bem desenvolvido pelo objeto, o que inviabiliza a estabilização egoica da criança. Desse modo, as regras instituídas pelo pai precisam ser estritamente seguidas, como um aparato externo que ordene o funcionamento psíquico do personagem. Podemos dizer que, na perversão, a criança é identificada com o que há de mais desorganizador na sexualidade parental, sem contar com o efeito apaziguante das mensagens organizadoras.

Possibilidades de interpretação e tradução da agressividade

Neste ponto, julgamos necessário apresentar algumas de nossas interrogações decorrentes da aproximação entre as ideias de McDougall e a concepção laplanchiana de sedução generalizada. Parece-nos insustentável, após toda a discussão sobre a inversão do vetor identificatório,[77] que nos atenhamos à explicação de que o perverso não é capaz de *se identificar* com qualquer um dos pais. É inevitável

---

77 Apresentada no capítulo 2, no qual mostramos um panorama da teoria laplanchiana. A inversão do vetor identificatório é proposta por Laplanche (2003), no artigo "*Le genre, le sexe, le sexual*", no qual propõe que, no início da vida, a criança não *se* identifica com o outro, mas é identificada *por* ele.

que tenhamos que reverter o foco de nossa pergunta, questionando a forma pela qual *o outro identifica* essa criança. Não estaria essa dificuldade do lado do objeto primário? O uso indiscriminado do corpo da criança como território próprio não seria uma demonstração da incapacidade de reconhecer ali um sujeito, uma pessoa com necessidades e desejos que ultrapassam a função de colmatar as fendas narcísicas parentais? A citação da autora deixa entrever o papel determinante da sedução originária e do enigma indecifrável, intradutível, proposto à criança:

> A criança unida à mãe por laços tão intensos chega a um ponto de onde não há mais como recuar. Ela faz um esforço desesperado para se libertar do jugo materno através de diversas invenções eróticas, porém a "solução" já está predeterminada; suas ilusões permanecem intactas, mudando apenas os disfarces que as encobrem. Inúmeras cadeias associativas que dizem respeito à verdade sexual foram deformadas ou destruídas durante a relação pré-edipiana, ou mesmo na relação primordial da criança com o seio — relação sexual arcaica. Com efeito, a descoberta de que, no fantasma inconsciente do desviante sexual, o "castrador" é invariavelmente a mãe, não deveria nos surpreender. A sedutora que desperta o desejo é igualmente obstáculo à sua realização. Para a criança, ela é a imagem mesma da perversidade. Afinal, o que quer a mãe? (McDougall, 1983b, p. 40)

O "castrador" que se esconde por trás da fantasia perversa só pode ser entendido como as fraturas do objeto primário em relação à própria sexualidade, que coíbem o sujeito, desde as origens, a lidar com seus impulsos libidinais de forma apaziguadora e egossintônica. Acreditamos que o pai do personagem que analisamos não conseguia encarar o próprio sadismo, ou a porção sádica de sua sexualidade, possivelmente porque esta se opunha diretamente à sua imagem de policial equilibrado e consciencioso. Dessa maneira, a deflexão desses elementos na personalidade do filho parece não apenas convidá-lo a se tornar um agressor, como ainda condená-lo por isso, conforme bem explicita a autora no trecho acima. A sedução de Harry, direcionando Dexter ao exercício da violência, se dá ao mesmo tempo em que o considera uma espécie de "aberração", diferente das outras pessoas, danificado irremediavelmente pelas experiências que teve nos primórdios de sua vida infantil.

Esse tipo de sedução configura o que Roussillon (1999) chama de *traumatismo primário*, conduzindo o sujeito a se relacionar com o meio externo a partir de uma transferência baseada na reversão, ou seja, imputando ao outro o que ele próprio não suporta experimentar, e que não pôde ser integrado ao seu psiquismo. O autor descreve então os três tempos de formação desse trauma: no primeiro, o psiquismo incipiente da criança é atravessado por grande quantidade de excitação que ela não consegue manejar, com os recursos que possui nesse momento; no segundo, inundado pela angústia e o desprazer decorrentes da impossibilidade de metabolizar esses conteúdos, o sujeito espera ser acolhido e apaziguado pelo objeto, mas, novamente, se frustra nesse processo, e o ódio produzido leva ao terceiro tempo, instaurando o trauma primário propriamente dito, estado que se caracteriza pela clivagem no ego, pela desestruturação do psiquismo, fazendo com que o sujeito "se retire" da experiência, afastando-se psiquicamente dela. É o que testemunhamos na história de nosso personagem, que sofreu um grave traumatismo no início de sua infância cujas consequências tiveram bastante influência em sua constituição psíquica, não tendo contado com acolhimento e alívio suficientes dessa agonia e sendo frequentemente convocado a revivê-la através da violência cometida com outros objetos. Portanto, seguindo a ótica de Roussillon, a compulsão de Dexter por tirar a vida de outras pessoas deve ser interpretada como uma defesa desse tipo de patologia narcísica.

Outra estratégia defensiva à qual o psiquismo do personagem parece recorrer é o que o autor denomina *neutralização energética* — uma tentativa de evitar o retorno do material traumático, impossibilitando qualquer ligação afetiva que reative esses conteúdos, ou, ainda, operando um rebaixamento emocional generalizado a fim de prevenir esse tipo de repetição. Já mencionamos como Dexter se esquiva de um relacionamento íntimo com seus familiares, com seus colegas e até mesmo com sua namorada, pensando que esse tipo de interação poderia trazer complicações ao seu estilo de vida, colocando em perigo seu segredo. Mas, além disso, ele também demonstra acreditar que, ao investir afetivamente um objeto, este não suportaria lidar com seus conteúdos agressivos, abandonando-o tão logo os identificassem. Tal fantasia fica explícita em uma cena (temp. 1, ep. 8, 39:55 a 43:09) que se segue àquela que descrevemos anteriormente (temp. 1, ep. 8, 36:34 a 39:54), na qual o personagem se sente muito angustiado durante uma sessão de terapia.

As interpretações que recebe do psiquiatra, combinadas às lembranças de várias situações nas quais era subjugado, fazem com que o personagem finalmente deseje ter relações sexuais com Rita, ato muitas vezes adiado em decorrência de seus temores. Dexter se surpreende, então, quando a namorada explicita o desejo de recebê-lo em sua casa mais vezes, já que sua fantasia era a de que, conhecendo-o sem suas defesas, Rita só enxergaria seu "passageiro sombrio" (termo que usa para falar de sua compulsão). Pensamos que essa construção fantasmática deriva da incapacidade do objeto de interpretar positivamente a agressividade do sujeito, admitindo seu potencial criativo.

Winnicott (2002/1939) destaca a importância do desempenho da figura materna nas tentativas da criança de explorar a realidade exterior. Para o autor, o reconhecimento da distinção entre eu-outro é acompanhado de impulsos agressivos, como o morder, exemplo da mescla de excitação e agressão que origina a percepção das fronteiras entre sujeito e objeto. Isto significa que, para que essa diferenciação não seja debilitada, é necessário que o adulto suporte o quinhão de violência que a criança lhe dirige, ajudando-a a incluí-la em processos construtivos.

> Se é verdade, portanto, que o bebê tem uma grande capacidade para a destruição, não é menos verdadeiro que ele também tem uma grande capacidade para proteger o que ama de sua própria destrutividade, e a principal destruição existe sempre, necessariamente, em sua fantasia. E, quanto a essa agressividade instintiva, é importante assinalar que, embora se torne em breve algo que pode ser mobilizado a serviço do ódio, é originalmente uma parte do apetite, ou de alguma outra forma de amor instintivo. É algo que recrudesce durante a excitação, e seu exercício é sumamente agradável. (Winnicott, 2002/1939, p. 97)

Fica evidente, dessa maneira, a participação do objeto na

transformação de impulsos agressivos dispersos em saídas integradas no ego, que suscitam movimentos construtivos. Winnicott afirma que a descoberta pelo infante da natureza exterior do objeto acontece por meio de mudanças gradativas, que demandam certo tempo de maturação para lidar com aquilo que escapa ao seu controle. Quando a criança é acompanhada nesse desenvolvimento, podendo vivenciar o processo de maneira saudável, torna-se capaz de agredir e odiar, o que pode ser um sinal de progresso emocional. Essa agressividade pode ser balizada através do sonhar, do fantasiar e do brincar. Segundo o autor, brincando o infante alcança o impulso construtivo, alternativa à simples destruição, o que ocorre quando ele aceita a responsabilidade pelos elementos destrutivos de sua conduta.

> Essa relação entre agressão e construção pode ser comprovada se retirarmos de uma criança (ou de um adulto) a oportunidade de fazer alguma coisa pelos que lhe são próximos e queridos, ou a possibilidade de "contribuir", de participar na satisfação das necessidades da família. Por "contribuir" entendo fazer coisas por prazer, ou ser como alguém, mas ao mesmo tempo *verificando que isso é uma necessidade para a felicidade da mãe ou para o andamento do lar.* É como "encontrar o próprio nicho". Uma criança participa fazendo de conta que cuida do bebê, arruma a cama, usa a máquina de lavar ou faz doces, e uma condição para que essa participação seja satisfatória é que esse faz-de-conta seja levado a sério por alguém. Se alguém zomba, tudo se converte em pura mímica, e a criança experimenta uma sensação de impotência e inutilidade físicas. Então, facilmente poderá ocorrer uma explosão de franca destrutividade e agressão. (Winnicott, 2002/1964, pp. 107-108) [grifo nosso]

Neste trecho, Winnicott discute uma questão que podemos avaliar a partir da história de Dexter: a integração da destrutividade, convertendo esses impulsos originários da separação entre eu-outro em uma ação construtiva, está vinculada ao investimento, pelo adulto, em um comportamento do sujeito, reconhecendo sua relevância como uma tentativa de contribuir com o ambiente em que vive. Sabemos que Harry buscava direcionar a violência do filho para o assassinato de alguns indivíduos que julgava merecedores disso, considerando essa atuação uma forma de tirar algum proveito dos elementos traumáticos presentes no psiquismo deste. Mas poderíamos dizer que esse pai colabora para o surgimento de um comportamento construtivo no infante, valorizando-o, conforme vimos na teoria winnicottiana? Para responder a esta pergunta, valemo-nos de uma cena (temp. 1, ep. 8, 13:39 a 14:33) em que, adolescente, Dexter surpreende o pai durante a noite, aplicando sobre Harry um de seus métodos para dominar as vítimas. O pai, então, reconhece que aquele fora um ótimo ponto de ataque, o que faz com que o filho se vanglorie de finalmente tê-lo superado na técnica. A fala de Harry é significativa: "Isso não é um jogo, Dexter! Não é para ser divertido. Acha que quero te ensinar essas coisas? Esta é a única maneira que conheço para te manter longe de uma cadeira elétrica." (temp. 1, ep. 1, [trecho temporal]).

Nota-se a ambiguidade com que Harry trata esse comportamento do filho: se, por um lado, o classifica como produtivo, quase uma "prestação de serviços" no cenário social, por outro, não deixa de se horrorizar com o caráter violento desse modo de agir. Este aspecto fica bastante claro quando o personagem — já em outra temporada da série — rememora uma cena na qual, ainda jovem, mostra ao pai o cadáver de sua primeira vítima, que teria sido indicada pelo próprio Harry. Ainda inexperiente, não consegue executar a tarefa com o asseio recomendado pelo pai. Este, quando se depara com a grande quantidade de sangue e as partes esquartejadas do corpo apresentado pelo filho, sente-se extremamente enojado, deixando o local imediatamente. Dexter não compreende o motivo da reprovação paterna, já que o planejamento do assassinato fora acompanhado e incentivado por Harry.

Assim, é perceptível que a tarefa de integrar a destrutividade ao ego do sujeito fica completamente prejudicada na relação entre o personagem e seu pai. A mediação desses impulsos agressivos exercida pelo adulto parece fracassar na medida em que tais processos — os movimentos paternos que tentam operar uma organização no psiquismo do filho — estão envoltos numa atuação que não deixa de evocar em Harry os conteúdos mais angustiantes e fragmentadores.

Roussillon (2004) nos lembra que, de acordo com a teoria winnicottiana, é a função de espelho do objeto primário, refletindo para o bebê seus próprios conteúdos internos, que irá instaurar nele a capacidade de distinção entre percepção e representação do objeto. Em outras palavras, nos momentos de construção do psiquismo infantil a mãe realiza um trabalho de imitação de seu bebê, de seus afetos e sensações, pontuando-os, inserindo entonações vocais, expressões faciais e interpretações que auxiliam a criança a simbolizar essas experiências e, posteriormente, reconhecer-se como sujeito dentro de um eu circunscrito às fronteiras egoicas. Essas projeções maternas na superfície corporal da criança propiciam a distinção entre eu-outro no aparelho mental do bebê, e as excitações nele depositadas podem seguir a via da representação, ou seja, serem recalcadas, produzindo fantasias.

Entretanto, como mostramos no primeiro capítulo, quando essa atividade não é desempenhada de modo satisfatório pelo objeto ocorre uma fragilização da organização narcísica primária, e os limites entre os elementos internos e externos são comprometidos. Segundo Roussillon, a perversão pode funcionar como uma solução para as angústias advindas deste tipo de sofrimento narcísico, elegendo uma prática que escoe a excitação que não pôde ser circunscrita através de um processo de simbolização empreendido pelo objeto. Assim, a saída pela compulsão se sobrepõe aos modos neuróticos de resolução de conflito psíquico, conforme ocorre com o personagem Dexter.

Ainda a respeito das formas de exercer esse trabalho de simbolização, Winnicott afirma que a mãe deve "encontrar" o bebê, isto é, acolher seu gesto espontâneo, estar disponível para reconhecer suas necessidades. Ao mesmo tempo, deve proteger a criança de possíveis invasões, preservar um espaço privado de sua subjetividade. O autor resume desse modo o paradoxo: a relação entre a mãe e o bebê é um "sofisticado jogo de esconder", no qual "é uma alegria estar escondido, mas um desastre não ser achado" (Winnicott, 1960/1983b, p. 169). A partir daí, é possível pensar que a vivência de situações muito violentas no início da vida faz com que o bebê procure se esconder do adulto, não apenas nessas situações, mas em todas as outras, pois a criança busca a sensação de segurança, uma proteção contra ser invadida pelo adulto a qualquer momento. Poderíamos, então, considerar que o ritual de Dexter o preserva neste lugar de proteção em relação ao outro? Todos os cuidados para não deixar vestígios de seus crimes, sua postura de permanente vigilância e sua desconfiança em relação às outras pessoas, além de uma forma de evitar a prisão, são também a constru-ção de um abrigo, para que o outro não o alcance em seus conteúdos mais íntimos. Assim como precisou se esconder desse objeto primário invasivo nas origens, e não pôde deixar pistas de si mesmo para que ele o encontrasse, Dexter parece mimetizar esse esconde-esconde com a polícia, repetindo compulsivamente a certeza de que o outro não o alcançará.

Se é a mãe quem deve encontrar, imitar o seu bebê, reconhe-cendo os sinais de sua subjetividade para desta forma auxiliá-lo na metabolização das excitações que ela mesma deposita, levantamos a hipótese de que Dexter mata para não ser descoberto. Por outro lado, Winnicott diz que o bebê também quer ser encontrado pelo objeto bom, por alguém que cuide dele, que possa matizar suas pulsões. Des-se modo, compreendemos melhor o que o autor postula: é importante para o infante estar escondido, protegido da invasão violenta que pode advir do outro, mas é também trágico que este outro não seja capaz de resgatá-lo desse esconderijo assegurando seu bem-estar, a despeito a despeito das fantasias mais perseguidoras do bebê. É, no fundo, o flagelo de estar sempre sozinho que leva o personagem a provocar no outro o desejo de encontrá-lo, pois ele quer ser encontrado, não pelo objeto mau, mas por aquele que finalmente poderá acolhê-lo e garan-tir que esteja a salvo. Não seria este o jogo que Dexter empreende com a polícia, mantendo uma relação tão estreita com esta instituição que deveria estar sempre em seu encalço?

Talvez, nessas situações em que o bebê não seja suficiente-mente bem encontrado, a perversão se instale em duas frentes: a ten-dência antissocial (o ato de se esconder o tempo todo) e a construção de um falso self (algo que poderíamos chamar de uma personalidade fictícia). Ao desenvolver este ponto nos desviaríamos muito de nossos interesses por agora, mas é importante destacar que Dexter parece re-presentar o afeto — por exemplo, seu namoro é sentido como teatral, assim como sua relação com a irmã; ele não sente de fato, mas repre-senta que sente.

Voltemos agora à teoria da imitação precoce, para reforçar ainda mais essa ideia de que o bebê deve ser suficientemente bem en-contrado pelo adulto, ser de alguma forma imitado pelo outro. Ribeiro

(2007), citando as pesquisas sobre imitação precoce de Eugenio Gaddini (1959), procura relacionar a Teoria da Sedução Generalizada de Laplanche ao processo de construção egoica, colocando em pauta a importância das fantasias inconscientes do adulto nesse momento. A noção de imitação nos estudos de Gaddini nos interessa pelo fato de que, para este autor, as modificações corporais do bebê, impostas por estímulos externos, induzem a processos mentais correspondentes. Imitar torna-se uma maneira de perceber o meio ambiente e, posteriormente, de construir o eu-corporal — de modo que, para Ribeiro, os esforços do cuidador em prol da comunicação com o bebê antes da aquisição da linguagem (ou seja, os gestos, entonações, expressões faciais e todo tipo de comportamentos carregados de afetividade) vão instalar neste, pela via da imitação, a capacidade de representar e de responder às excitações do adulto. É imitando a mãe — que, por sua vez, imita o bebê — que a criança vai adquirindo a capacidade de abstração, de mentalização das sensações e dos afetos. Além disso, quando procura estimular e imitar o bebê, a mãe não apenas reproduz os gemidos e a fisionomia deste, mas também deixa escapar fragmentos do sexual nela evocado pela presença da criança. Assim, Ribeiro chama de *identificação passiva* esta inversão do vetor identificatório, de forma que esse processo seja pensado sempre a partir do adulto, e não da criança.

Como anunciamos anteriormente, no que diz respeito às perversões trabalhamos com a ideia de que ocorre uma identificação do bebê com o pulsional recalcado do objeto primário. Em outras palavras, questionamos se as trocas entre adulto e infante, atravessadas pela imitação, permitem que o primeiro dê corpo à alteridade que o habita inoculando no outro os aspectos indesejáveis, rechaçados de seu próprio psiquismo. Conforme afirma o autor:

> O outro vetor da imitação, que tem a criança por origem (sem que haja a iniciativa por parte dela), e que produz no adulto essa imitação — que não é exatamente a imitação do bebê, mas disso que a presença do bebê desperta no nível inconsciente e que lhe é retransmitido pelo adulto (a mãe particularmente) sob a forma de uma personificação da alteridade — deve ser levado em conta. Imitando a criança, quer dizer, fazendo tudo que a mãe e seus substitutos fa-

zem à guisa de comunicação com o bebê pelo intermédio de gestos, mímicas, balbucios, as mães dão forma à alteridade que a presença da criança desperta nelas. Nessa relação constitutiva da subjetividade, não há lugar para oposições, visto que a mãe se identifica com a parte de alteridade que o bebê faz emergir nela, ao mesmo tempo em que, sem ter consciência, identifica o bebê com os elementos de sua própria alteridade. (Ribeiro, 2007, 42)[78] [tradução nossa]

Na perversão, este tipo de reflexividade, de movimentos miméticos, sofre um prejuízo que dificulta o estabelecimento de demarcações entre interno e externo e a simbolização dos estímulos provenientes do meio ambiente, e ainda daqueles que surgem no próprio organismo em decorrência do contato do sujeito com o objeto. E mais: poderíamos dizer que a derrocada dessa função espelho dificulta ao infante conhecer e estabelecer relações com seus conteúdos psíquicos, na medida em que eles tendem, então, a serem atribuídos ao campo exterior. Roussillon (2004) afirma que, diante de sua carência egoica, o sujeito empreende uma relação fetichista com um objeto externo no qual possa se apoiar. É deste modo que Dexter elege o "código Harry" para fundamentar sua agressividade, sem ter, no entanto, que lidar com as questões éticas de sua prática. Apossando-se desse julgamento pronto em relação aos outros, o personagem evita tecer seus próprios pensamentos e afetos acerca deles, e aniquila qualquer capacidade de empatia e de identificação com esses indivíduos dos quais tira a vida, sendo incapaz, inclusive, de perceber suas semelhanças com eles. Afinal, Dexter também mata pessoas repetidamente e não demonstra ar-

---

78 "*L'autre vecteur de l'imitation, celui qui a l'enfant pour origine (sans qu'il y ait de l'initiative de l'enfant) et qui produit chez l'adulte cette imitation qui n'est pas exactement l'imitation du bébé mais de ce que la présence du bébé éveille au niveau inconscient et qui lui est retransmis par l'adulte (la mère notamment) sous forme d'une personnification de l'altérité doit aussi être pris en compte. En imitant l'enfant, c'est-à-dire en faisant tout ce que les mères et leurs substituts font en guise de communication avec le bébé par l'intermédiaire de gestes, mimiques, gazouillis et/ou autres phonations bien particulières; en faisant tout cela les mères donnent forme à l'altérité que la présence de l'enfant éveille en elles. Dans cette relation constitutive de la subjectivité, il n'y a pas de place pour des oppositions, vu que la mère s'identifie avec la part d'altérité que le bébé fait émerger en elle, en même temps que, sans en avoir conscience, elle identifie le bébé avec les éléments de son altérité à elle.*"

rependimento por isso nem desejo de controlar sua violência. Portanto, se o "código Harry" fosse seguido à risca, não deveria ele também ser exterminado?

Para Balier (1988/2009), o perverso lida com os elementos traumáticos presentes em seu psiquismo pela via da identificação projetiva, que, como sabemos, conserva cindidos tanto o ego do sujeito quanto sua visão em relação aos objetos. Claude Balier realizou um trabalho semelhante ao empreendido por Bonnet, clinicando no Centro Médico-Psicológico Regional (CMPR) de uma penitenciária francesa. Após ter passado anos escutando detentos que apresentavam algum sofrimento psíquico, mas não eram considerados inimputáveis, o autor publicou, em 1988, o *Psychanalyse des comportements violents*, um resumo de suas teorias a respeito das patologias que costumam aparecer nessas instituições de correção. Além deste livro, Balier publicou também, em 1996, o *Psychanalyse des comportements sexuels violents: une pathologie de l'inachèvement*, no qual analisa especialmente os crimes sexuais. Tendo conduzido sua formação analítica na Société Psychanalytique de Paris, sob a influência de Lebovici e Diatkine, o autor ressalta o papel das experiências primárias com o objeto na eclosão de patologias conhecidas atualmente como estados-limite. Segundo Balier (1988/2009), esses casos compõem a maior parte do quadro de doenças psíquicas que acometem os encarcerados, principalmente os jovens, e ocasionam várias patologias — tais como psicopatia, perversão, "psicose fria" e adicção. Todas estas possuem em comum a exibição de um comportamento violento, por vezes incontrolável, e, por isso, o autor destaca que em alguns casos a prisão pode exercer para esses sujeitos uma função benéfica de contenção.

Para Balier, a psicopatia se distingue da perversão na medida em que a primeira se caracteriza como a predominância da atuação sobre a mentalização — existe nela uma pobreza representacional aliada à agressividade impulsiva, cujo papel é o de escoar a tensão presente nesse aparelho psíquico. Já a perversão manteria um laço com o princípio do prazer — como se a agressividade nesta organização estivesse ainda ligada a um objeto, como, por exemplo, no sadismo. Já a psicose fria é retratada como a manutenção de uma relação com um objeto-fetiche que desempenha o papel de duplo do sujeito, assegurando sua existência e seus ideais.

Vimos, anteriormente, que Roussillon (2004) comenta o empreendimento de relações fetichistas nos casos de traumatismo primário que causam a perversão. E temos ainda as observações de Bonnet (2008) a respeito da necessidade de dar vazão à excitação que ataca o sujeito na economia perversa. O fato é que, como bem salienta o próprio Balier, ao tratar dessas patologias ainda não muito bem definidas, como a perversão ou a psicopatia, cada autor escreve sobre um tipo específico de sujeito: alguns (Kernberg, 1980, como citado por Balier, 2009, p. 30) dão maior ênfase à delinquência e aos seus aspectos destrutivos, apontando seus elementos constitucionais; outros (Diatkine, 1983, como citado por Balier, 2009, p. 30) demarcam a influência do contexto social nesses comportamentos; e outros ainda (Fenichel, 1974, como citado por Balier, 2009, p. 40) tratam das expressões erotizadas da agressividade. De todo modo, consideramos a teorização de Balier acerca da psicopatia mais próxima daquilo que vimos atribuindo, neste trabalho, à perversão, e por isso faremos uma sucinta exposição de suas hipóteses a seguir.

Balier atribui a psicopatia a fracassos do sujeito no estabelecimento do vínculo com o objeto materno, o que compromete os processos identificatórios e a formação do eu. O impedimento dessa relação primária pode se dever à ausência do outro no exercício de suas funções de acolhimento e tratamento do material psíquico infantil, ou à incapacidade desse objeto de estabelecer limites entre ele mesmo e o sujeito, oferecendo cuidados e excitação em excesso. Outra questão mencionada é a dificuldade do objeto primário em perceber os aspectos criativos na agressividade e na tendência antissocial, ambas ideias de Winnicott (1967/1991) sobre as quais já nos debruçamos. Nesse tipo de formação psíquica, encontramos defesas tais como a tendência a efetuar relações com os objetos buscando confundir-se com eles, abolindo as fronteiras que os separam; ao mesmo tempo, o sujeito pode tentar manter apenas relações afetivas superficiais, decorrente do temor de ser submetido a esse outro, e a identificação projetiva constitui um mecanismo básico de projeção de partes agressivas do ego no ambiente externo, por vezes colaborando para a construção de um objeto idealizado, todo-poderoso, que salvaria o sujeito de seus próprios impulsos destrutivos. Tudo isso contribui para que os conflitos edipianos sejam evitados e o psiquismo seja constantemente ameaçado por um temor de desaparecimento, a que o autor denomina "depressão essencial".

Essa ameaça nos conduz à constatação de que, segundo Balier, há nesses casos uma impossibilidade de vivenciar a posição depressiva, que instituiria uma visão mais totalizante do objeto, livrando-o da dicotomia bom-mau. Isso ocorre justamente devido à dificuldade de separação entre sujeito e objeto primário, pois reconhecer a integralidade do outro implica também em sentir-se vulnerável à sua perda.

> A passagem ao ato, o assassinato, se situa em um conjunto de mecanismos primários destinados a defender o eu de sua falência psicótica, mais especialmente da psicose melancólica. De todo modo, não se trata da melancolia propriamente dita, tal como é identificada na nosografia psiquiátrica. É preciso tomá-la mais como uma depressão de tipo melancólico que é testemunha, como B. Rosenberg demonstra, de um trabalho psíquico. (...) A clivagem do objeto impede, então, uma identificação total à imago maternal arcaica e temida. (Balier, 1988/2009, p. 207)[79] [tradução nossa][80]

Pensando no exemplo de Dexter, nota-se que os objetos são definidos sempre a partir da idealização ou da perseguição. Harry é visto como um policial impecável, um homem irrepreensível, mas, principalmente, um pai protetor e amoroso, que soube conduzir a criação do filho da melhor maneira possível. Sua relação com o personagem não é questionada, nem seus ensinamentos colocados à prova. Funcionam como dogmas, que devem ser seguidos a fim de que Dexter se sinta seguro e confortável sob o fantasma paterno.

---

79 "(...) le passage à l'acte, le meurtre, se situe dans un ensemble de mécanismes primaires destinés à défendre le Moi de la faillité psychotique, plus spécialement de la psychose mélancolique. Toutefois, il ne s'agit pas de la mélancolie à proprement parler, telle qu'elle est identifié dans la nosographie psychiatrique. Il faudrait plutôt la concevoir comme une dépression de type mélancolique témoignant, comme B. Rosenberg le fait, d'un travail psychique. [...] Le clivage de l'objet empêche donc une identification totale à l'imago maternelle archaïque redoutée."

80 Todas as citações deste autor são traduções nossas.

De maneira semelhante, as vítimas do personagem também são vistas através dessa lente maniqueísta. Para Dexter, elas representam a violência pura, sem angústia, sem pesar, sem tampouco um histórico que a justifique, como se esses estados fossem apenas frutos de intenções conscientes de causar dano ao outro, sem qualquer vestígio de trauma ou sofrimento por trás da conduta repetitiva. Na verdade, percebe-se certa precariedade na capacidade de se identificar com o outro, já que o personagem não demonstra se reconhecer no comportamento dessas pessoas, apesar de ter tanto em comum com elas. Aliás, em todas as cenas de assassinato, Dexter costuma travar com a vítima um diálogo no qual afirma a diferença entre eles, baseada, principalmente, em seu senso de organização e nos princípios que herdou de Harry.

Entretanto, é curioso constatar que essa distinção se esvanece em certo momento, precisamente quando Dexter conhece Jeremy, um garoto de quinze anos, acusado de matar um homem a facadas. Saindo do reformatório, o adolescente passa a ser vigiado pelo personagem, que prevê que ele ainda cometerá outros crimes. Numa das vezes em que está seguindo Jeremy, Dexter o vê preparar uma emboscada para outro jovem, e interfere, evitando a morte deste. Tendo então a comprovação de que Jeremy realizava assassinatos em série, matando pessoas que não se encaixavam no "código Harry", o personagem decide fazer dele sua próxima presa. Mas a situação se modifica quando descobre que o adolescente tinha sido estuprado pelo homem que foi sua primeira vítima (temp. 1, ep. 3, 42:27 a 44:48).

Identificado com Jeremy, Dexter decide poupá-lo, e o adverte contra ferir pessoas inocentes. Dias depois, porém, se depara com uma cena de crime na qual reconhece, através dos cortes no corpo da vítima, o *modus operandi* do adolescente, o que o faz procurá-lo, já na prisão, e interrogá-lo. Na cena (temp. 1, ep. 7, 42:39 a 45:36), o personagem questiona por que Jeremy prosseguira com os crimes apesar de suas recomendações, ao que este responde que o fizera pela busca por uma sensação diferente, já que normalmente não era afetado por nada. Dexter confessa, então, que é vazio como ele, e que encontrou uma forma de se adaptar a isto simulando os mesmos afetos das outras pessoas. "Finja que tem sentimentos. Para o mundo, para as pessoas ao seu redor. Quem sabe algum dia os sentimentos estejam lá?"

Pela primeira vez, Dexter pensa que um agressor pode se valer de comportamentos violentos e compulsivos por não ter tido um objeto ao qual pudesse recorrer, como ele mesmo tivera o auxílio de seu pai adotivo. A partir daí, o personagem decide apoiar Jeremy, oferecendo-se como uma figura de confiança, que compreende seu sofrimento. Entretanto (temp. 1, ep. 7, 47:58 a 48:52), ao chegar à penitenciária, verifica que o adolescente havia cometido suicídio e se entristece por isso.

Poderíamos supor que a história de Jeremy fez com que Dexter vislumbrasse, mesmo que ainda distante, o caminho em direção à posição depressiva? A resistência em matizar os objetos, levando-o a concebê-los como monstros, teria cedido um pouco diante do reconhecimento do jovem que ele fora um dia naquele adolescente que não conseguia deixar de matar?

Balier (1988/2009) observa que os pacientes que atendia no CMPR geralmente eram presos por terem praticado furtos, assaltos, agressões e estupros. A princípio, adotavam uma posição defensiva onipotente, reportando ao meio externo a responsabilidade por suas transgressões. Apresentavam sérias limitações no tocante à manifestação de seus estados afetivos e à tradução desses estados em palavras, o que muitas vezes repercutia em autoagressões, já que não tinham muito contato com outras pessoas. Entretanto, no decurso do tratamento, núcleos depressivos tornavam-se perceptíveis e emergiam lembranças infantis significativas — era possível admitir a própria fragilidade e também a saída agressiva para ela expressa no próprio comportamento. Frequentemente, outras formações sintomáticas apareciam, mesmo nos casos que o autor classificava de psicopatia, tais como fobias, sintomas hipocondríacos, amnésia e pesadelos. Também era bastante comum a reincidência do sujeito nas transgressões, de modo que, por vezes, somente no contexto de um crime mais grave era possível se abrir a algum tipo de reflexão, que os delitos menores anteriores não provocavam.

Todos esses pontos testemunham a ideia do autor de que o psiquismo desses sujeitos é composto também por núcleos neuróticos, aos quais o terapeuta deve recorrer, incessantemente, a fim de provocar a tradução dos materiais traumáticos.

O papel do objeto primário é bastante comentado pelo autor, que, assim como McDougall, observa como a imago da mãe dominadora e fálica instaura no sujeito tanto o desejo quanto o medo de ser subjugado por ela. Esses temores geram defesas, calcadas no comportamento violento, que fazem frente à identificação masoquista expressa nos terrores noturnos e na angústia de despersonalização e aniquilamento. Em outras palavras: apesar da atuação ser quase exclusivamente ativa (agressão, estupro, assassinato), as fantasias que embasam essa prática mostram-se, muitas vezes, passivas. Mais do que reflexo da onipotência do sujeito, a agressividade é um contrainvestimento do medo de ser penetrado, fragmentado.

Todos esses aspectos são bastante visíveis no caso de Dexter, que, num primeiro momento, aparenta não portar nenhum tipo de angústia ou construção fantasmática para além de seu comportamento repetitivo. No entanto, após uma investigação mais atenta verificamos que o psiquismo do personagem é povoado por várias fantasias masoquistas e temores de desintegração. Paradoxalmente, voltar às situações traumáticas nas quais essas fantasias se formaram representa uma defesa contra a passividade nelas experimentadas, tornando ativo esse movimento. O que pretendemos assinalar é que, apesar de traumática, a sedução mortífera se transforma num modo de operação que tende a ser repetido durante toda a vida, como bem demarca Roussillon (1999), afirmando que, mesmo se tratando de um ambiente hostil e violento, o sujeito pode recorrer ao retorno a essa etapa. É o que notamos ao analisar a atuação do personagem, que guarda maiores semelhanças com o primeiro tempo traumático de todo o conteúdo que analisamos até aqui. A partir de agora, descreveremos uma experiência crucial para a compreensão do psiquismo do personagem, que só nos é revelada no episódio final da série.

Numa determinada ocasião, durante seu exercício profissional, Dexter se depara com uma cena criminal na qual havia enorme quantidade de sangue. Perturbado com essa visão, ele passa a ser invadido por lembranças recorrentes de um período anterior à sua adoção pelo casal Morgan. Dexter se vê, ainda bem pequeno, imerso em sangue, e muito assustado, chamando por sua mãe, que aparece na cena (temp. 1, ep. 10, 53:43 a 55:30) apenas para pedir que ele feche os olhos e não veja o que se passa naquele lugar. À medida que os episódios vão passando, descobrimos que aquela cena se refere ao assassinato de sua mãe biológica, Laura Moser, e de mais três pessoas, esquartejadas diante de duas crianças. Esse terrível massacre deixa marcas profundas no psiquismo delas: Brian, então com seis anos, irmão mais velho de Dexter, acaba anos mais tarde sendo internado devido a transtornos antissociais em um hospital psiquiátrico, de onde sai ao atingir a idade adulta. Dexter, que contava três anos na época do trauma, é acolhido e adotado pelo primeiro policial que chega à cena do crime, o detetive Harry Morgan. Apesar de terem seguido destinos muito diferentes, é interessante reparar que tanto Dexter quanto Brian reprisam a cena traumática no trabalho que exercem: o primeiro reconstrói a história de homicídios a partir de padrões de sangue encontrados, e o segundo fabrica próteses ortopédicas para pessoas que sofreram diversos tipos de amputação. No seriado, Rudy — nova identidade de Brian — também se torna um assassino em série, e, sem poder contar com um código de conduta, mata pessoas que elege aleatoriamente, sobretudo prostitutas.

A cena do assassinato materno, que pode ser considerada o primeiro tempo do trauma — segundo o modelo winnicottiano proposto por Roussillon (1999) —, bombardeia o psiquismo do infante com enorme quantidade de excitação. Buscando dar um destino a essa energia, o aparelho psíquico da criança pode recorrer à alucinação do desejo (nesse caso, desejo de continência psíquica e acolhimento), ao autoerotismo ou à destrutividade. Mas, devido ao caráter brutal da cena que descrevemos, percebemos que é pela via da violência que o sujeito poderá esboçar qualquer tentativa de escoamento — não teriam os episódios de crueldade com animais, a agressividade dirigida aos colegas de escola e a tendência antissocial que o acometia durante sua infância sido esforços do jovem Dexter no sentido de efetuar uma ligação das reverberações dessa experiência?

O segundo tempo do trauma pode ser atribuído à inabilidade de Harry em acolher esses comportamentos, interpretando-os como um pedido de ajuda do infante, que se mostra angustiado com a impossibilidade de representar tais conteúdos. Ainda que tenha procurado estar sempre próximo ao filho, orientando seu comportamento, protegendo-o da desconfiança dos outros, acreditamos que o pai adotivo de Dexter não respondeu satisfatoriamente à sua demanda, pois projetou sobre a personalidade do menino uma série de fantasias sádicas que inundaram ainda mais seu psiquismo de excitações.

Consideramos que o terceiro tempo, que instala o traumatismo primário definitivamente, se relaciona à morte de Harry, quando Dexter, comprovando o abandono do objeto, vivencia uma clivagem no ego. Percebe-se que, diante disso, a saída que se configura é justamente a imitação do movimento projetivo do adulto — que contribuiu para a formação da ferida narcísica do sujeito. Em certa medida, Dexter encena o papel do pai ao imputar, incessantemente, a violência e o prazer em exercê-la a outros sujeitos, que se encaixam em seu código e devem ser punidos com a morte.

Aqui, cabe apresentarmos uma crítica da visão de Balier a respeito da distinção que propõe entre perversão e psicopatia. Para o autor, nesta última, devido à precariedade do vínculo primário, o temor da perda do objeto acarreta certa desintrincação pulsional. Assim, um *quantum* de agressividade livre excita o aparelho psíquico do sujeito, exigindo algum tipo de descarga.

> O eu de nossos pacientes não é totalmente dominado pelo supergo, nem pelos outros elementos, nos quais a agressividade tem um papel preponderante. Ele mesmo [o eu] utiliza a agressividade para dominar o objeto: é a pulsão de dominação, proveniente da crueldade infantil, experimentada *sem ódio nem prazer em relação ao sofrimento do outro*. Expressão direta da *autoconservação*, ela, em suma, garante a sobrevivência em um mundo repleto de perigos. (Balier, 1988/2009, p. 196)[81] [grifo nosso]

Este tipo de caracterização da psicopatia indica, em nossa opinião, um empobrecimento da visão dessa patologia, que acaba sendo

---

81 "*Le Moi de nos patients n'est pas totalement dominé par les forces du Surmoi, ni par les autres éléments dans lesquels l'agressivité tient une part prépondérant. Lui-même utilise l'agressivité pour dominer l'objet: c'est la pulsion d'emprise, issue de la cruauté infantile, éprouvée sans haine ni plaisir à la souffrance de l'autre. Expression directe de l'auto-conservation, elle assure en somme la survie dans un monde empli de dangers.*"

reportada ao automatismo, destituído de vestígios sexuais ou de fantasias que fundamentariam essa repetição inconsciente. A demarcação entre a psicopatia e a perversão sustentada pelo autor atribui maior organização a esta última, na medida em que a agressividade que percorre o psiquismo do sujeito se encontra erotizada e vinculada a um objeto. Já na psicopatia, a única função do objeto é ser o depositário dessa energia livre, extravasada muitas vezes na forma de comportamentos violentos.

> Convém não assimilar os pacientes dos quais estamos falando aos perversos, pois se, como estes, eles manifestam desprezo pelo objeto, não o reconhecendo para além da satisfação pulsional que sua existência proporciona — o que levou J. Bergeret a falar de "perversidade de caráter" — e se o perverso é permanentemente compelido a agir e demonstra igualmente pobreza fantasmática, não há nos primeiros [psicopatas] a procura pelo gozo sexual. É a diferença que estabelece J. McDougall: se nos perversos, nos toxicomaníacos e nos delinquentes, todos que fazem parte da categoria dos *actings*, existem os mesmos conflitos inconscientes fundamentais, só nos primeiros encontramos a erotização inconsciente das defesas, com a finalidade da procura pelo gozo sexual. (...) Assim, o "apetite de excitação" do qual falamos concerne à repetição da ligação com o objeto sob a primazia da violência, e não da erotização. Mas, nos dois casos, é da perda do objeto que se trata: muito mais de angústia de separação do que de castração, mesmo na perversão. (Balier, 1988/2009, pp. 211-212)[82]

Nota-se nesses argumentos certa contradição em relação ao

---

82 "*Encore convient-il de ne pas assimiler les patients dont nous parlons aux pervers; si, comme eux, ils manifestent un mépris pour l'objet en ne lui reconnaissant que l'existence qui satisfait leurs pulsions, ce qui a amené J. Bergeret à parler de 'perversité de caractère' , et si le pervers est en permanence poussé à l'agir et fait preuve également d'une pauvreté fantasmatique, il n'y a pas chez les premiers de recherche de la jouissance sexuelle. C'est la différence qu'établit J. McDougall: si chez les pervers, les toxicomanes et les délinquants, qui font partie de la catégorie des 'agirs', il y a les mêmes conflits inconscients fondamentaux, il n'y a que chez les premiers qu'on retrouve une érotisation consciente des défenses, avec le but recherché de la jouissance sexuelle. (...) Aussi l'appétit d'excitation' dont nous avons parlé concerne la répétition de la réunion avec l'objet sous le primat de la violence, et non l'érotisation. Mais, dans les deux cas, c'est de la perte de l'objet qu'il s'agit: angoisse*

que o próprio autor declara sobre o componente libidinal existente na conduta violenta, assim como nas fobias e nos pesadelos que os pacientes apresentam, expressões da angústia que permeia seus psiquismos. As projeções, condensações, deslocamentos e atuações repetitivas demonstram a existência de objetos primitivos investidos cujas imagos destrutivas apontam também para alguma capacidade elaborativa do sujeito, convidando-nos a pensar nas possibilidades de tratamento desses casos (Balier, 1988/2009).

Poderíamos, então, nos arriscar a dizer que esse componente agressivo desintrincado, essa pulsão de dominação dessexualizada que é descrita nessa versão da patologia é apenas o reflexo da impossibilidade de identificar a trama associativa existente nesses casos? Não seria a descrição de uma prática compulsiva e violenta, da qual o prazer ou o ódio estejam ausentes, um modo de dessubjetivar este comportamento, aproximando-o, talvez, do instinto? Lembremos que Balier afirma que o impulso de dominar o objeto deriva da autoconservação, retirando-o do campo da sexualidade. Ora, acreditamos que, ainda que seja possível considerar alguma diferenciação entre esses casos mencionados — principalmente no que diz respeito à erotização *consciente* de uma prática compulsiva, em contraponto a outra, mais violenta —, não se trata de uma desvinculação entre a agressividade e o sexual, mas das formas através das quais este último irá emergir no psiquismo do sujeito e em seus comportamentos. Caso contrário, teríamos que admitir, no caso de Dexter, que os elementos fragmentadores que ocasionaram o traumatismo primário do qual falamos —a cisão egoica que culminou em defesas esquizoparanoides, como a identificação projetiva, o rebaixamento afetivo e a recusa em vivenciar a posição depressiva, e na construção de uma atuação compulsiva violenta — não conservariam qualquer vínculo com a sexualidade infantil, com seus aspectos demoníacos. Seria preciso concordar que sua prática de extermínio do outro e seus movimentos projetivos em relação a ele estariam mais a serviço da descarga de um *quantum* de agressividade do que da reprodução de situações de passividade vivenciadas nos primórdios da constituição do psiquismo.

---

de séparation bien plus qu'angoisse de castration même chez le pervers."

Desse modo, a partir de toda nossa argumentação ao longo deste trabalho, discordamos da noção de Balier sobre a psicopatia; e, ainda que o autor esteja se referindo a outra categoria nosográfica, acreditamos que essas ressalvas se aplicam ao caso das perversões por não considerarmos que essa distinção seja significativa, ou seja, por pensarmos que os limites entre a sexualidade perversa e a conduta psicopata se devem, em grande parte, às interpretações mais ou menos deterministas em relação ao tratamento dessa patologia.

Conforme constatamos, cada autor se refere ao tema a partir de uma visão específica da perversão: Roussillon trabalha minuciosamente a questão do trauma primário e a decorrente impossibilidade representacional, enquanto McDougall prioriza a ideia de carência identificatória e a criação de uma sexualidade para fazer frente a essa falha do eu; Bonnet fala de uma sedução mortífera, que leva o sujeito a investir na vingança, reproduzindo através do outro seu próprio abandono, e Balier ressalta que o sujeito evita passar pela posição depressiva e elaborar a ausência do objeto. O que é comum a todas as interpretações é a hipótese de inauguração do psiquismo da criança através da injeção de determinada cota pulsional, resultando no transbordamento de excitação desse aparelho mental. No caso de Dexter, tivemos oportunidade de reconhecer muito bem esse mecanismo, fosse no fato real e traumático vivido na primeira infância ou na relação que estabeleceu com Harry mais tarde.

Mas, se consideramos imprópria a maneira como o pai do personagem cuidou dos efeitos de seu traumatismo, questionamo-nos também a respeito das possibilidades de operar um corte na cadeia repetitiva da atuação perversa, abrindo espaço para a simbolização dessas mensagens não representáveis, para a formação de relações de objeto mais integrais, para a sutura das falhas egoicas e a diminuição da angústia de aniquilamento. Como efetuar essas transformações, que nas perversões parecem tão afastadas dos limites clínicos? Além de clínica, esta nos parece ser uma questão que aponta para a ética psicanalítica. Pretendemos traçar alguns esboços a respeito disso nas próximas páginas.

Considerações finais: apontamentos sobre a clínica da perversão

É, portanto, por uma espécie de perversão da análise que utilizamos a lucidez que ela faculta para condenarmos a priori o sujeito animado por desejos perversos a continuar a ser o seu prisioneiro.
(Bonnet, 1996, p. 144)

Notamos como a configuração psíquica na perversão dificulta qualquer intervenção analítica, já que a prática compulsiva muitas vezes obstrui a construção de fantasias mais elaboradas, suprimindo a angústia sempre que é exercida. Deste modo, questionar-se em relação a essas condutas e suas consequências se torna difícil para o sujeito, que acaba se fechando sobre si no curto-circuito da atuação repetitiva. A recusa em partilhar seus conteúdos internos com o outro não raro torna esse sofrimento inacessível às práticas psicoterápicas, cujos discursos muitas vezes legitimam a crença da ausência de angústia, culpa ou desconforto nesses estados.

Sempre nos intrigou a imagem do perverso todo-poderoso, alheio à dor que causa ao outro, voluntariamente ou não, incapaz de experimentar tal pesar — não por compartilharmos dessa construção, mas por considerarmos que ela contradiz uma das premissas básicas da psicanálise, a de que um comportamento compulsivo geralmente traz à tona experiências traumáticas, que nunca representaram qualquer tipo de satisfação para qualquer instância psíquica:

> A articulação freudiana entre compulsão à repetição e a lógica do princípio do prazer começou a ser corroída através da reflexão aprofundada acerca da observação de duas situações nas quais o su-

jeito não cessa de reviver episódios dolorosos: o *fort da* e as neuroses de guerra. A partir da análise desses dois fenômenos era impossível continuar sustentando que a compulsão à repetição obedecia unicamente à busca do prazer; era preciso admitir que restava uma espécie de resíduo que escapava a essa determinação: um mais além do princípio do prazer. Essa compulsão que produz a repetição da dor evidencia a impossibilidade de escapar de um movimento de regressão, o que acabou levando Freud a postular a existência de uma tendência para um retorno à origem, ao estado de repouso absoluto, ao estado de não-vida, teorizado em 1920. (França, Rodrigues e Mendes, 2008, p. 2)

Ora, se reconhecemos prontamente os percalços de nossos pacientes neuróticos, embrenhados em movimentos repetitivos que são fonte de tanto mal-estar, como recusar esse mesmo mal-estar na patologia perversa? Afinal, nesses casos, estaria a repetição apenas em função do princípio do prazer? Se essa afirmação nos parece um contrassenso, devemos nos predispor também a escutar esse outro tipo de sofrimento.

Como bem nos lembra Bonnet (2009), os desejos mortíferos e o desafio à lei praticados pelo perverso são processos inconscientes, não reconhecidos pelo próprio sujeito, e se essa dinâmica penetra a realidade, modificando sua maneira de agir, é devido à impossibilidade de vivenciá-la no plano imaginário, nas fantasias. Quando a psicanálise, ou parte dela, se recusa ou falha em ajudar esse indivíduo a criar outras formas de estabelecer relações, condena-o a permanecer no mesmo circuito. Mas como constatar isso, que não chega a ser uma queixa, e muitas vezes tampouco se apresenta ao próprio sujeito como motivo para iniciar uma investigação analítica? De acordo com o autor, o fato de a demanda muitas vezes provir de familiares ou do sistema judiciário pode interferir no processo terapêutico, dificultando a obtenção de resultados positivos. Entretanto, criticando a postura de alguns clínicos que se recusam a empreender um processo analítico com pacientes perversos, ele considera que a partir da escuta, baseada tanto no comportamento compulsivo quanto nos ataques ao tratamento e à própria figura do analista, é possível detectar um pedido de socorro, geralmente ignorado, resultante da angústia de despedaçamento que acompanha o sujeito.

> Já tive oportunidade de demonstrar que o sucesso não é impossível, desde que alarguemos a nossa atenção a todas as fontes de informação possível — informações dos parentes, circunstâncias dos actos, incidentes associados e designação dos momentos e locais — de forma a que se restabeleça gradualmente um contexto humano, vivo e significativo, em torno de uma prática aparentemente desprovida de todas essas qualidades. (Bonnet, 1996, p. 141)

Outro entrave ao tratamento mencionado por Bonnet é o desejo do perverso de excluir o outro, ou a permissão de que este se aproxime apenas para desempenhar o papel que lhe foi atribuído em seu roteiro, seja o de vítima, de autoridade a desafiar ou de testemunha passiva. Cabe ao analista a difícil tarefa de não se deixar enredar numa dessas posições — ou nas três. De que maneira, então, os conteúdos psíquicos que angustiam o sujeito podem ser mobilizados, sem que o analista corra o risco de ser levado a integrar o elenco das cenas nas quais a atuação sobrepuja qualquer elaboração? Ele não pode simplesmente se negar a compor esse jogo, a interpretar esses papéis; suas intervenções devem buscar desfazer a "coisificação" à qual o paciente procura submetê-lo. A tendência a estabelecer relações narcísicas com o outro, transformando-o em seu prolongamento, leva o perverso a fundir todos os objetos externos num anonimato desumanizante. Mas, através da transferência, dos movimentos projetivos do sujeito, o analista procura operar uma modificação nesse padrão:

> O objetivo do analista ou do terapeuta deverá ser o de ter em conta esta forma de situar os outros, de concordar em desempenhar os diferentes papéis que inevitavelmente lhe serão propostos na transferência, mas também de se situar de forma a que sejam evitadas a "coisificação" e a globalização. A coisificação, reagindo a partir de seus próprios desejos para se demarcar da idealização que lhe é proposta, e para ouvir e descodificar as afirmações que lhe são feitas. A globalização, desempenhando estes diferentes papéis de forma a

nunca estar exatamente onde o esperam. (Bonnet, 1996, p. 150)

Esta também é a posição de Balier (1988/2009), que enfatiza o papel do objeto externo nesses tratamentos: ele serve de receptáculo das angústias irrepresentáveis do sujeito. Desse modo, o objeto desempenha uma tarefa reflexiva, demonstrando curiosidade e interesse pelos estados internos do paciente, o que instaura nele o desejo de investir em seus próprios afetos, seus conteúdos até então recusados. Assim, ocorre a introjeção da representação de um objeto materno que se contraponha àquele da história do sujeito, que não foi capaz de exercer satisfatoriamente nem a função winnicottiana de *holding*, nem muito menos o que Bion chamou de *rêverie*.[83] Isso ocorre porque esse objeto externo responde ao sujeito de maneira distinta do objeto primário, e esse espelhamento o convida a perceber os aspectos destrutivos de sua prática, para além da sensação de estabilidade egoica que ela proporciona. No entanto, é importante dizer que, segundo o autor, tais elementos não devem ser confrontados diretamente, pois movimentariam uma grande cota de angústia.

Balier relata a prática clínica efetuada no CMPR,[84] onde os pacientes, cerca de três vezes por semana, passam por entrevistas com um psiquiatra, um psicólogo e com "cuidadores" (enfermeiros, pro-

---

83 Conceito introduzido por Bion (como citado em Cintra, 2003:45), que trata da disposição materna em acolher os aspectos excessivos e angustiantes dos afetos projetados pela criança, efetuando um trabalho de elaboração psíquica sobre estes conteúdos, que, então, mais simbolizados, podem ser oferecidos ao infante. *Rêverie* é, portanto, a capacidade de atribuir sentido às emoções indizíveis do sujeito, transformando-as, de sensações corporais, em imagens, sonhos, pensamentos e mitos, elementos que podem nomear estes afetos. Cintra assim descreve este trabalho: "Quando a mãe oferece continência com *rêverie*, além de ter seus piores terrores acolhidos e elaborados pelo ego auxiliar, a criança introjeta uma certa dimensão da própria capacidade de *rêverie* materna, iniciando o seu processo de elaboração, germe da futura independência. O princípio de um aparelho para pensar é esta *rêverie* materna introjetada" (Cintra, E. 2003:47). Segundo a autora, uma mãe que esteja mergulhada em suas próprias angústias dificilmente será capaz de suportar estes temores que lhe são dirigidos, de modo que é necessário que ela se distancie um pouco da própria memória e do próprio desejo para captar os estados internos do bebê.

84 Como já dissemos: Centre Médico-Psychologique Regional, de uma unidade de detenção francesa.

fissionais que têm mais contato diário com os sujeitos e que, muitas vezes, levam o material que surge nas entrevistas para reuniões de supervisão, sendo orientados pelo psicanalista da equipe a fazer algumas intervenções). O autor sugere que as interpretações sejam calcadas em situações atuais, e não na história pregressa do paciente, o que poderia fazer emergir quantidades enormes de afeto que impossibilitariam um trabalho de elaboração. Percebe-se, assim, que também ao "cuidador" cabe este papel de paraexcitação, na medida em que ele se apresenta para o sujeito como um objeto que pode auxiliá-lo a minimizar seu sofrimento através das entrevistas. Elas teriam como função a inscrição das pulsões desligadas que inundam o psiquismo do sujeito, fazendo as mensagens inconscientes circularem adquirindo outros sentidos, propiciando o restabelecimento da comunicação entre ele e o mundo externo.

A flexibilização das regras do tratamento é também um ponto ao qual Bonnet (1996) se refere, afirmando ser pouco proveitoso que o analista imponha arbitrariamente limites rígidos e intocáveis, já que, desta forma, apenas acirraria o desejo do perverso de transgredir. Por outro lado, algumas práticas perversas se tornam de tal modo perigosas, tanto para o seu autor quanto para aqueles que o cercam, que o analista se vê diante da difícil escolha entre reprová-las energicamente ou ser com elas conivente. Muito já se falou sobre a difícil clínica da perversão[85] e o desconforto que ela causa no analista, mas ainda nos deparamos com muitos impasses no que diz respeito à condução desses casos. Balier (1988/2009) sustenta a importância do aval de uma instituição para tratamentos como estes, pois ela funciona também como um tipo de contenção, de paraexcitação do sujeito.

Para o autor, um trabalho em equipe é relevante, já que propicia certa "dissolução" da transferência, protegendo tanto o próprio paciente quanto os profissionais de suas projeções muito violentas. A instituição, como um aparato superior, ao qual o analista também responde, pode ser um cenário que suaviza os afetos primitivos do sujei-

---

85 Remetemos o leitor, caso queira se aprofundar nesta questão dos caminhos do tratamento analítico na perversão, ao instigante artigo de Flávio Carvalho Ferraz, "A possível clínica da perversão" In: Ferraz, F. e Fuks, L. (org). [2000] *A clínica conta histórias*. São Paulo: Escuta.

to, seus fantasmas persecutórios, permitindo, desse modo, algum investimento na figura do terapeuta. Tendo então acesso a várias representações objetais num contexto de trabalho terapêutico em equipe, é possível que ele aprimore suas representações de objeto, projetando cada aspecto de seus conteúdos psíquicos em determinado profissional, de modo a permitir maior simbolização das imagos arcaicas.

Conforme explicitamos no capítulo 2, na perversão, segundo Bonnet, a satisfação sexual pode estar restrita a apenas dois dos polos pulsionais: a fonte e o objeto da pulsão. Desse modo, o sujeito representa a si mesmo como, por exemplo, uma boca que devora, um olho que espreita, ou uma superfície escoriada; a atuação perversa exclui os outros polos, como a pressão e a finalidade. O trabalho de análise deve conduzir à integração destes últimos, tornando o circuito pulsional mais complexo, mais diversificado. Quando se permite o reinvestimento do sexual em suas outras possibilidades, abre-se espaço para decodificações múltiplas, para o investimento libidinal em vários objetos, não se restringindo ao objeto-fetiche da perversão ou ao gozo aditivo que ele exige do sujeito.

Outro aspecto importante a ser considerado, no que diz respeito ao tratamento analítico na perversão, é a noção de clivagem do eu, ponto de concordância entre as diversas correntes psicanalíticas em relação à abordagem do tema. A cisão nos permite pensar na existência de uma face mais próxima da neurose, cuja base seria o reconhecimento da castração, e também na de outra face, de funcionamento mais característico da psicose. Bonnet (1996) afirma que, se ambas se encontram presentes no psiquismo perverso, o analista deve apoiar seu trabalho na saída neurótica, apostando no contato do sujeito com o outro, favorecendo a expressão e a simbolização do conteúdo inconsciente. Este ponto de vista é partilhado com Balier (1988/2009), que relata a existência de dois registros no psiquismo desses sujeitos: de um lado, um eu que se apoia na realidade fragmentada (cisão do objeto) e que mantém à disposição um objeto que deve ser constantemente reintegrado por meios arcaicos (a atuação perversa); de outro, um ego aparentemente mais organizado, capaz de certos movimentos em direção à elaboração, embora ainda assim empobrecido em decorrência do vínculo precário com o outro das origens.

É preciso dizer que, embora concordemos com essa divisão que os autores propõem, consideramos que o núcleo que eles consideram mais "neurótico" esteja mais próximo do que Winnicott(1983b) chama de falso self, isto é, uma superfície aparentemente bem adaptada ao ambiente, que, no entanto, esconde um psiquismo frágil e repleto de angústias desagregadoras. Ainda assim, as interpretações num processo terapêutico devem incidir sobre esse arranjo mental estimulando o potencial de integração que ele comporta, o que proporciona ao sujeito começar a experimentar a posição depressiva, tão combatida através do comportamento compulsivo. A percepção mais completa do objeto e a vivência da posição depressiva permitem a integração da agressividade — ou de parte dela — no psiquismo do sujeito, e este então pode aceitar a perda objetal, tolerando as angústias sem recorrer à atuação. A compulsão ao assassinato, ao estupro, à agressão, que antes servia para colmatar esta incapacidade de suportar a ausência do objeto, dá espaço à experimentação de uma continuidade narcísica, mesmo após o abandono deste. Assim, um outro tipo de angústia (castradora) se sobrepõe à ameaça de invasão e aniquilamento que frequentemente assolava o sujeito.

Todas essas modificações são propiciadas pela maior integração das partes clivadas do ego, possibilitada por intervenções ou situações que predisponham o sujeito a buscar algum tipo de elaboração psíquica dos conteúdos disruptivos que fomentam sua prática compulsiva. Balier afirma que, além dos apontamentos feitos por psicanalistas ou cuidadores durante as entrevistas realizadas no CMPR, em alguns casos o envolvimento do sujeito em um delito mais grave e a aplicação de uma pena mais rígida podem levá-lo a refletir sobre comportamentos compulsivos que, até então, não se apresentavam para ele como um problema ou um enigma a ser desvendado — o que pode também desencadear o início de um verdadeiro processo de mudança.

Entretanto, o autor faz uma observação interessante: em outros casos, a vivência desses estados depressivos, por tanto tempo evitados por meio da atuação, conduz o sujeito a um investimento extremo no processo terapêutico através de um questionamento profundo de seus comportamentos, ainda que este movimento lhe cause grande sofrimento e desorganização psíquica. Nestas circunstâncias, a enorme disposição à investigação analítica pode ser relacionada ao masoquismo, pois quanto maior é a desestabilização egoica do sujeito, menos este recua diante do desnudamento desses conteúdos mortíferos. Este ponto nos parece bastante instigante, principalmente se pensarmos na noção freudiana de *reação terapêutica negativa*,[86] que foi prontamente remetida aos impulsos masoquistas do paciente.

Bonnet (1996) e McDougall (1997a) ressaltam também os efeitos de fragilização egoica decorrentes da supressão do comportamento compulsivo perverso, que exerce uma função estabilizadora no psiquismo do sujeito:

> O sintoma perverso constitui realmente o núcleo ao redor do qual uma personalidade inteira consegue se estruturar e unificar. Pretender a todo custo fazê-lo dissipar-se é correr o risco de um desequilíbrio profundo ou de modificações que irão contrariar os seus interesses. A prática perversa, como qualquer prática sexual solidamente enraizada, cristaliza e unifica um conjunto complexo de tendências inconscientes que constituem a vida psíquica do sujeito. É por isso que quem se entrega a tais práticas considera geralmente que as mesmas constituem o melhor remédio para as suas dificuldades, e que ele é o único a experimentá-las. (Bonnet, 1996, p. 133)

Portanto, a condução clínica desses casos deve evitar, quando possível, o combate direto à atuação, pois, sem o amparo de um longo processo de escuta dos conteúdos incrustados, das mensagens inconscientes não-traduzidas, a mera extinção do comportamento apenas aumentará o nível de angústia que assola o sujeito, podendo inclusive inviabilizar o prosseguimento da investigação analítica. Balier (1988/2009) chega a falar de sujeitos que desenvolvem doenças psicossomáticas ou passam por períodos de autoagressões quando encarcerados, pois não contam mais com os efeitos de sustentação narcísica da prática perversa. Obviamente, não se trata de defender a permanência de determinados comportamentos que lesam o próprio sujeito (como em algumas práticas masoquistas graves) ou terceiros (como no sadismo, nas compulsões à agressão, ao estupro, ao assassinato),

---

86 Cf. Freud, S. (1923/1996i) *O ego e o Id*. Edição Standard Brasileira das obras completas de Sigmund Freud, vol. 19. Rio de Janeiro: Imago.

mas de atentar para o abalo do sentimento de identidade que se seguirá à interrupção da atuação. Bonnet (1996) nos lembra que a atuação perversa é sempre uma saída encontrada para dar um destino ao transbordamento pulsional, decorrente da impossibilidade do sujeito de lidar com os estilhaços da alteridade em seu corpo e psiquismo. Portanto, é necessário que o analista efetue um trabalho de cuidado, de amparo narcísico, ao mesmo tempo em que se mostra atento aos significantes presentes na cena perversa, carentes de simbolizações.

Mencionamos anteriormente o artigo no qual Belo (2012) demonstra os diversos sistemas de proteção que o aparelho psíquico pode construir contra os estímulos externos e internos. O autor destaca o papel do objeto na formação do *Reizschutz*, invólucro que servirá para minimizar os danos causados pela invasão pulsional ao organismo, vindo ela diretamente do outro ou já dos elementos estrangeiros introjetados pelo sujeito, fonte de excitação sexual. Segundo Belo, "é possível pensar que os estímulos contra os quais tal engrenagem é montada são sexuais" (Belo, 2012, p. 7), ou seja, que essa rede de proteção se erige a partir do contato do sujeito com o outro e é moldada de acordo com as possibilidades advindas deste encontro. Sendo assim, o objeto primário que excita o aparelho psíquico da criança também oferece o material que propicia a tradução dessas mensagens enigmáticas. Quando há uma disfunção entre estas duas atividades, a função de paraexcitação do objeto materno fica prejudicada, levando o bebê a recorrer à construção de escudos mais ou menos funcionais para preencher a lacuna. Green (1990) fala dos percalços da mãe neste papel de ego auxiliar:

> O amor maternal tem por objetivo, depois de ter favorecido a eclosão da vida pulsional, apenas torná-la tolerável à criança. Potencialmente *a mãe oscila sempre entre o excesso de gratificação e de frustração. Todos os dois têm o mesmo efeito: este de provocar uma excitação pulsional que ultrapassa as possibilidades de elaboração do Eu*, isto é, a integração das pulsões numa atividade de ligação. (Green, como citado em Belo, 2012, p. 5) [grifo nosso]

Interessante pensar nesses dois estilos opostos de vínculo entre sujeito e objeto primário: o outro invasivo, que busca atender prontamente a todos os desejos da criança, e o outro negligente, alheio às suas necessidades físicas e psíquicas. Vimos que os autores que nortearam nossas investigações até aqui representam a figura materna nesses dois extremos, ao abordarem as relações objetais primárias na perversão. Para McDougall (1983a, 1983b, 1983d, 1992, 1997a, 1997b e 1997c) e Balier (1988/2009), o temor à figura materna onipotente resulta do controle desmedido que ela parece ter sobre o infante, que interpreta tais movimentos como uma ameaça de apropriação dos seus conteúdos internos, de fragmentação de seu psiquismo, contida através da criação de um modo específico de satisfação sexual. Já em Winnicott (1967/1991), Roussillon (1999, 2004) e Bonnet (1996, 2008), encontramos o objeto que abandona a criança, privando-a dos cuidados necessários ao desenvolvimento físico e psíquico satisfatório na infância. Qual dessas é a mãe do perverso? Que tipo de ligação com o objeto pode acarretar uma cisão egoica, poderosa a ponto de manter totalmente clivados do psiquismo elementos extremamente angustiantes, às expensas de um comportamento compulsivo?

Conforme explicita Belo, a mãe ausente e a mãe hiperexcitante não chegam a ocupar posições tão distantes. A figura materna falha, nos dois casos, por não operar a proteção contra os estímulos que ela mesma engendra na criança. Ela utiliza o sujeito como "elemento essencial de sua economia [libidinal], rouba seu narcisismo em benefício próprio e satisfaz suas próprias necessidades infantis em detrimento do reconhecimento daquelas de seu bebê" (Schaeffer, como citado em Belo, 2012, p. 6).

Sendo assim, o sujeito lança mão de comportamentos que preenchem o lugar desse *Reizschutz*, cujas funções malograram nas origens da constituição psíquica da criança. É esta a interpretação de Bessoles (como citado em Belo, 2012, p. 12), que considera a conduta criminosa de alguns adolescentes uma forma de barrar a figura materna onipresente. Este tipo de objeto "coisifica" o filho através de suas invasões sistemáticas, impedindo a vivência de contornos narcísicos eficazes. Bessoles parece compartilhar das ideias de McDougall (1983b) analisadas no primeiro capítulo deste livro, segundo as quais a construção de um comportamento perverso serve para coibir o desejo materno de dominar completamente o infante, ter o controle total de seu corpo e psiquismo.

Percebemos, então, que a atuação perversa é um tipo de paraexcitação erigido frente à violência das pulsões não mediadas pelo objeto. Para interromper esse ciclo compulsivo dissolvendo defesas tão arraigadas, o analista precisa também — ao evocar no sujeito algum tipo de reflexão acerca de sua prática e instaurar uma capacidade de tradução deste material que ataca seu aparelho psíquico internamente — exercer o papel de escudo protetor. Deve, portanto, cumprir uma dupla função do objeto primário: provocar a excitação reinvestindo elementos recusados, clivados da instância egoica, trazendo à tona conteúdos angustiantes, mas também conter o transbordamento pulsional auxiliando o sujeito a encontrar meios mais simbólicos de lidar com esses materiais.

De que maneira essa transformação poderia ocorrer? Acreditamos que um dos caminhos possíveis seja a flexibilização desse escudo protetor, sua maleabilidade, permitindo a ocorrência de trocas com o meio externo sem que estas representem ameaças de fragmentação e de derrocada egoica — estamos falando da capacidade do sujeito de vivenciar uma posição de certa passividade, que, no entanto, pode ser tolerada, integrada ao psiquismo, sem evocar saídas sádicas como contrainvestimento. Essa posição de abertura ao mundo, a outros sentidos, a outras atuações, não precisaria ser combatida, por não mais representar uma intrusão num terreno psíquico frágil. Para usar a metáfora de Belo (2012): as armaduras não devem ser tão inflexíveis, tão fechadas, que impeçam aquele que a construiu de mover-se com elas, ou de delas se valer de modo mais suave. Alguma permeabilidade deve ser preservada para que as trocas realizadas no campo da alteridade suscitem sempre novas traduções do material traumático.

Neste trabalho procuramos desenvolver uma argumentação que embasasse a desconstrução do estereótipo perverso, muitas vezes estreitamente vinculado à maldade, a uma perturbação de caráter, a uma falha moral. Acreditamos que este tipo de leitura da patologia gera, tanto no campo teórico quanto no clínico, efeitos muito maiores do que geralmente reconhecemos. A classificação da perversão como refratária ao tratamento é a mais evidente dessas consequências, mas muitas outras — como a atribuição de comportamentos perversos compulsivos a caracteres genéticos, ou a eleição de medidas cada vez mais repressivas de punição e isolamento social como formas privilegiadas de conduzir os casos nos quais se apresenta uma atuação desta ordem — nos fazem perceber que um longo caminho de conscientização ainda precisa ser feito no campo político, que muitas discussões devem ser levantadas para que a questão da sexualidade perversa seja desmistificada e remetida aos próprios contextos culturais nos quais emerge.

Roudinesco (2008) demonstra brilhantemente que a perversão está sempre aliada às normas sociais de cada época, a seus parâmetros morais, transgredindo-os e representando aquilo que não pode ser vivenciado explicitamente pelos "cidadãos de bem", embora esteja latente em seus desejos e até em suas práticas. Portanto, é importante nos questionarmos acerca da utilidade desse conceito para a manutenção do equilíbrio no cenário social, pois, nas palavras da autora, "é efetivamente porque a perversão é desejável, como o crime, o incesto e o excesso, que foi preciso designá-la não apenas como uma transgressão ou anomalia, mas também como um discurso noturno em que sempre se anunciaria, no ódio de si e na fascinação pela morte, a grande maldição do gozo ilimitado" (Roudinesco, 2008, p. 12).

Referências Bibliográficas[87]

André, J. (1996) *As origens femininas da sexualidade*. Rio de Janeiro: Jorge Zahar Editor.

Bacelete, L., França, C. e Roman, I. (2010). Eu não sabia... In: França, C. (org.) *Perversão: as engrenagens da violência sexual infanto-juvenil*. Rio de Janeiro: Imago.

Balier, C. (1988/2009) *Psychanalyse des comportements violents*. Le fil rouge. Paris: Presses Universitaires de France.

Balier, C. (1996) *Psychanalyse des comportements sexuels violents*. Le fil rouge. Paris: Presses Universitaires de France.

Belo, F. (2010) *A perversão sob a ótica da Teoria da Sedução Generalizada*. Recuperado em 04 de julho, 2011, de www.fabiobelo.com.br

Belo, F. (2012) O Paraexcitações (*Reizschutz*) e a *Paraskeuê*. In: *Psicologia em Estudo*. V. 17, n. 3, pp.425-433. Maringá: jul/ set 2012.

Bonnet, G. (2008). *La perversion: se venger pour survivre*. Paris: Presses Universitaires de France.

Bonnet, G. (2001) *La violence du voir*. Bibliothèque de psychanalyse. Paris: Presses Universitaires de France.

---

87 De acordo com o estilo APA – American Psychological Association.

Bonnet, G. (1981) Voir-être vu: études cliniques sur l'exhibitionnisme, t.1. Paris: Presses Universitaires de France.

Bonnet, G. (1981) Voir-être vu: études cliniques sur l'exhibitionnisme, t.2. Paris: Presses Universitaires de France.

Bonnet, G. (1996). *As perversões sexuais*. Porto: RÉS-Editora.

Chasseguet-Smirgel, J. (1991) *Ética e estética da perversão*. Porto Alegre: Artes Médicas.

Cintra, E. M. U. (2003) As funções anti-traumáticas do objeto primário: *holding*, continência e *rêverie*. In: *Trauma*. Tempo Psicanalítico, 35, pp.37-55.

Clavreul, J.(1990) O casal perverso. In: Clavreul, Jean et al. *O desejo e a perversão*. Campinas: Papirus.

Ferraz, F. (2000) A possível clínica da perversão. In: Ferraz, F. e Fuks, L. (org). *A clínica conta histórias*. São Paulo: Escuta.

Ferraz, F. (2005) *Tempo e ato na perversão*. São Paulo: Casa do Psicólogo.

França, C., e Mendes, A. P. (2010) Adolescência, violência sexual e identificação com o agressor. In: França, C. (org.) *Perversão: as engrenagens da violência sexual infantojuvenil*. Rio de Janeiro: Imago.

França, C., Rodrigues, D. H. e Mendes, A. P. (2008) "A violência do abuso sexual infantil: interfaces da compulsão à repetição e da identificação com o agressor". In: Anais do III Congresso Internacional de Psicopatologia Fundamental, IX Congresso Brasileiro de Psicopatologia Fundamental. *Pathos: violência e poder*. Niterói. Recuperado em:

http://www.fundamentalpsychopáthology.org/8_cong_anais/
TR_460.pdf, em 02/05/2012.

Freud, S. (1996a) *Três Ensaios sobre a teoria da sexualidade.*
Edição Standard Brasileira das obras completas de Sigmund Freud,
vol. 7. Rio de Janeiro: Imago (Trabalho original publicado em 1905).

Freud, S. (1996b) "Formulações sobre os dois princípios do
funcionamento mental". Edição Standard Brasileira das obras completas de Sigmund Freud, vol. 12. Rio de Janeiro: Imago. (Trabalho original publicado em 1911).

Freud, S. (1996c) "Os instintos e suas vicissitudes". Edição
Standard Brasileira das obras completas de Sigmund Freud, vol. 14.
Rio de Janeiro: Imago. (Trabalho original publicado em 1915).

Freud, S. (1996d) 'Criminosos em conseqüência de um sentimento de culpa', In: "Alguns tipos de caráter encontrados no trabalho
psicanalítico". Edição Standard Brasileira das obras completas de Sigmund Freud, vol. 14. Rio de Janeiro: Imago (Trabalho original publicado em 1916).

Freud, S. (1996e) "Luto e Melancolia". Edição Standard Brasileira das obras completas de Sigmund Freud, vol. 14. Rio de Janeiro:
Imago (Trabalho original publicado em 1917).

Freud, S. (1996f) "Uma criança é espancada" - Uma contribuição ao estudo da origem das perversões sexuais. Edição Standard Brasileira das obras completas de Sigmund Freud, vol. 17. Rio de Janeiro:
Imago (Trabalho original publicado em 1919).

Freud, S. (1996g) *Além do Princípio do Prazer.* Edição Standard Brasileira das obras completas de Sigmund Freud, vol. 18. Rio de
Janeiro: Imago (Trabalho original publicado em 1920).

Freud, S. (1996h) *Psicologia das massas e análise do ego*. Edição Standard Brasileira das obras completas de Sigmund Freud, vol. 18. Rio de Janeiro: Imago (Trabalho original publicado em 1921).

Freud, S. (1996i) *O ego e o Id*. Edição Standard Brasileira das obras completas de Sigmund Freud, vol. 19. Rio de Janeiro: Imago. (Trabalho original publicado em 1923).

Freud, S. (1996j) O problema econômico do masoquismo. Edição Standard Brasileira das obras completas de Sigmund Freud, vol. 19. Rio de Janeiro: Imago. (Trabalho original publicado em 1924).

Freud, S. (1996k) Fetichismo. Edição Standard Brasileira das obras completas de Sigmund Freud, vol. 21. Rio de Janeiro: Imago (Trabalho original publicado em 1927).

Fuks, L. (2005) Consequências do abuso sexual infantil, In: França, C. (org) *Perversão: variações clínicas em torno de uma nota só*. São Paulo: Casa do Psicólogo.

"Dexter" (2006), 1ª Temporada. Direção: James Manos Jr. Produzido por: Showtime.

Krafft-Ebing (1886/1985) *Psychopathia sexualis*. Trad. francesa de E. Laurent E. e S. Csapo S. Paris: Georges Carré Editeur.

Lanteri-Laura, G. (1979/1994) *Leitura das perversões: história de sua apropriação médica*. Rio de Janeiro: Jorge Zahar Editor.

Laplanche, J. (2008) "La position originaire du masochisme dans le champ de la pulsion sexuelle" In: *La révolution copernicienne inachevée*. Paris: PUF (Trabalho original publicado em 1968).

Laplanche, J. (1985) *Vida e morte em psicanálise*. Porto Alegre:

Artes Médicas.

Laplanche, J. (1988) Da teoria da sedução restrita à Teoria da Sedução Generalizada. In: *Teoria da Sedução Generalizada e outros ensaios*. Porto Alegre: Artes Médicas.

Laplanche, J. (2008) Implantation, intromission. In: *La révolution copernicienne inachevée*. Paris: PUF (Trabalho original publicado em 1990).

Laplanche, J. (2008) "Masochisme et théorie de la séduction généralisée". In: *La révolution copernicienne inachevée*. Paris: PUF (Trabalho original publicado em 1992).

Laplanche, J. (2003) Le genre, le sexe, le sexual. In.: Chabert (org.) *Sur la théorie de la séduction*. Paris: Éditions In Press.

Laplanche, J.; Pontalis, J. B. (2001) *Vocabulário de Psicanálise*. (4a ed.) São Paulo: Martins Fontes (Trabalho original publicado em 1967).

McDougall, J. (1983a) Criação e desvio sexual. In: *Em defesa de uma certa anormalidade: Teoria e clínica psicanalítica*. Porto Alegre: Artes Médicas.

McDougall, J. (1983b) Cena primitiva e argumento perverso. In: *Em defesa de uma certa anormalidade: Teoria e clínica psicanalítica*. Porto Alegre: Artes Médicas.

McDougall, J. (1983c) Narciso à procura de uma nascente. In: *Em defesa de uma certa anormalidade: Teoria e clínica psicanalítica*. Porto Alegre: Artes Médicas.

McDougall, J. (1983d) Cena sexual e o expectador anônimo.

In: *Em defesa de uma certa anormalidade: Teoria e clínica psicanalítica.* Porto Alegre: Artes Médicas.

McDougall, J. (1992) A neo-sexualidade em cena. In: *Teatros do Eu.* 2a ed. Rio de Janeiro: Editora Alves.

McDougall, J. (1997a) As soluções neo-sexuais. In: *As múltiplas faces de Eros: uma exploração psicoanalítica da sexualidade humana.* São Paulo: Martins Fontes.

McDougall, J. (1997b) Desvio sexual e sobrevivência psíquica. In: *As múltiplas faces de Eros: uma exploração psicoanalítica da sexualidade humana.* São Paulo: Martins Fontes.

McDougall, J. (1997c) As neo-necessidade e as sexualidades aditivas. In: *As múltiplas faces de Eros: uma exploração psicoanalítica da sexualidade humana.* São Paulo: Martins Fontes.

Menahem, R. (1999) *Joyce McDougall: psicanalistas de hoje.* São Paulo: Via Lettera Editora e Livraria.

Millot, C. (2004) *Gide, Genet, Mishima: inteligência da perversão.* Rio de Janeiro: Companhia de Freud.

Nabokov, V. (2003) *Lolita.* São Paulo: Folha de S. Paulo.

Ribeiro, P. C. (2007) Identification passive, genre et sedution originaire. In: *Psychiatrie Française* nº 4, pp. 21- 48.

Rosenberg, B. (2003) *Masoquismo mortífero e masoquismo guardião da vida.* São Paulo: Escuta.

Roudinesco, E. (2008) *A parte obscura de nós mesmos: Uma história dos perversos.* Rio de Janeiro: Jorge Zahar Editora.

Roussillon, R. (1999) *Agonie, clivage et symbolization*. Paris: Presses Universitaires de France.

Roussillon, R. (2004) Narcissisme et "logiques" de la perversion. In: *Narcissisme et perversion*. Paris: Dunod.

Winnicott, D. W. (2002) Agressão e suas raízes. In: *Privação e delinqüência*. São Paulo: Martins Fontes (Trabalho original publicado em 1939).

Winnicott, D. W. (1983) A capacidade para estar só. In: *O ambiente e os processos de maturação: estudos sobre a teoria do desenvolvimento emocional*. Porto Alegre: Sulina (Trabalho original publicado em 1958).

Winnicott, D. W. (1975) Objetos transicionais e fenômenos transicionais. In: *O brincar e a realidade psíquica*. Rio de Janeiro: Imago (Trabalho original publicado em 1971).

Winnicott, D. W. (1975b) O papel de espelho da mãe e da família no desenvolvimento infantil. In: *O brincar e a realidade psíquica*. Rio de Janeiro: Imago (Trabalho original publicado em 1971).

Winnicott, D. W. (2001) O relacionamento inicial entre uma mãe e seu bebê. In: *A família e o desenvolvimento individual*. São Paulo: Martins Fontes (Trabalho original publicado em 1960).

Winnicott, D. W. (1983b) Distorção do ego em termos de falso e verdadeiro self. In: O ambiente e os processos de maturação: estudos sobre a teoria do desenvolvimento emocional. Porto Alegre: Artes Médicas (Trabalho original publicado em 1960).

Winnicott, D. W. (1991) A delinquência como sinal de esperança. In: Tudo começa em casa. São Paulo: Martins Fontes (Trabalho original publicado em 1967).

Wilde, O. (2009) O retrato de Dorian Gray. São Paulo: Hedra.

Esta obra foi composta em Minion 11/13,1.
Impressa com miolo em offset 75g e capa em
cartão 250g, por Createspace/ Amazon.